EL ALIENTO *como* ORACIÓN

CALMA TU ANSIEDAD, ENFOCA TU MENTE
Y RENUEVA TU ALMA

JENNIFER TUCKER

PRÓLOGO DE ANN VOSKAMP

ORIGEN

PARA

DE

Penguin Random House Grupo Editorial

Título original: *Breath as Prayer*
Publicado originalmente en inglés por Harper Collins Christian Publishing.

Primera edición: octubre de 2025

Publicado por ORIGEN®, marca registrada
de Penguin Random House Grupo Editorial USA, LLC
8950 SW 74th Court, Suite 2010
Miami, FL 33156

Traducción: Eloida Viegas

Impreso en Colombia / *Printed in Colombia*

Información de catalogación de publicaciones disponible
en la Biblioteca del Congreso de los Estados Unidos

ISBN: 979-8-89098-434-0

25 26 27 28 29 10 9 8 7 6 5 4 3 2 1

A

Emma y Lilly

Ser su mamá es el
mayor gozo de mi vida.

CONTENIDO

PRÓLOGO

Puedes respirar con alivio. Puedes tener por seguro que, en el momento en que juntas tus manos en oración, se inicia una revolución mayor que si tomases las armas, y empieza en tu corazón.

La revolución comienza justo allí, con tu siguiente latido:

Tus clamores te llevan directa e inmediatamente a la presencia misma de Dios. «Clamé a Dios, a mi Dios grité... Él escuchó mi clamor; mi grito me condujo directamente a Su presencia, ¡una audiencia privada!» (2 Samuel 22:7, traducción literal de la versión The Message).

Tus oraciones son más que un acto desesperado; son un acto que te transporta, y esto es lo más importante. Tus oraciones te reubican de inmediato para situarte frente al tierno rostro de Dios. Cada una de tus respiraciones, inhalar, exhalar, emite el sonido de Su nombre, lo está llamando: YHWH, YHWH.

Y Él, que nos creó,
lo hará
para que logremos
llegar.

Llegar al siguiente aliento, al momento siguiente, al amanecer siguiente, a la estación siguiente, al siguiente paso que nos acercará a casa y a Él...

Cuando la vida nos deja sin aliento, la oración es la forma de sujetar la firme y segura mano de Dios. Lo vas a lograr. Vas a respirar a través de una historia que, con desesperación, anhelabas que fuera diferente. Aprender a respirar oraciones a través de todos los dolores de parto de la vida es entregarse a la paz.

Y es que el verdadero propósito de la oración no es convencer a Dios de hacer lo que queremos, sino despertar a lo que Dios ya está haciendo y realizar ese trabajo redentor con Él. La oración es el trabajo subversivo que desafía la mentira de que los acontecimientos se limitan a lo que vemos, pues confía en que, debajo de todo y a través de todo, la obra revolucionaria y redentora de Dios actúa victoriosamente.

«Cualquier cosa es una bendición que nos hace orar», escribió Charles Spurgeon.

Y, como dos amigas que pueden dar testimonio de esta verdad, dos madres, dos hijas del Rey de reyes, Jenn Tucker y yo hemos caminado juntas durante noches dolorosamente oscuras del alma, hemos estado la una para la otra, nos hemos arrodillado juntas, hemos lamentado juntas, hemos respirado oraciones juntas, por la una y por la otra, y las cosas difíciles se convierten en cosas santas cuando se las presentamos a Él.

Jenn es una mujer genuina de la Palabra, una mujer que descansa en que Dios es digno de confianza, en que Él se comunica, y mantener una comunicación íntima con Él, escucharle a diario, conduce a una vida de comunión profundamente satisfactoria, incluso y especialmente en la tribulación. Este viaje de oración profundamente personal al que Jenn invita a todos los cansados, nace de sus propios valles profundos, y ella es una guía amable inusual y una sabia compañera, que respira oraciones contigo a cada paso del largo camino.

En medio de tus pruebas dolorosas y tus caminos serpenteantes, ella tomará tu mano con suavidad y te mostrará cómo hacer la siguiente inspiración profunda, cómo mirar hacia arriba y orar como Columba de Iona:

«Sé una llama brillante ante mí, oh Dios,
una estrella guía sobre mí.
Sé un camino suave debajo de mí,
un amable pastor detrás de mí,
hoy, esta noche y por siempre.
Solo, sin nadie más que Tú, mi Dios,
sigo mi camino;
¿qué he de temer cuando Tú estás cerca,
oh Señor de la noche y del día?
Más seguro estoy en tu mano
que si una multitud me rodeara.
Amén».

Te rodee lo que te rodee, el cerco de Dios es mayor, más cercano que tu siguiente aliento, tu siguiente latido.

Estas oraciones suavizan tu corazón para entregarse a la forma de las manos de Dios. Y cuando tu corazón se rinde suavemente al de Dios, la revolución de todas las cosas gana libertad, gana una verdadera liberación de todo miedo. El Amor mismo está aquí.

Respira.

Ora.

Respira.

Ora.

Cuando vives en oración, vives en paz.

Tu próximo aliento puede ser tu escape hacia Dios, donde te retiras en Él y en la paz más profunda que jamás hayas conocido.

Ann Voskamp

INTRODUCCIÓN

¿QUÉ ES LA *Oración del corazón?*

Eran casi las dos de la mañana cuando trasladaron a mi hija desde la sala de emergencias hasta una habitación en el cuarto piso de un hospital infantil en Atlanta. Fuera de la pequeña ventana, las luces de la ciudad perforaban el oscuro velo de la noche y proyectaban sombras sobre la pared encima de la cama. Una bata de hospital demasiado grande caía holgada sobre su cuerpo cansado, y unos cables iban desde su pecho hasta los monitores junto a su cama, que parpadeaban con el ritmo de su corazón mientras yo le sostenía la mano y ella se quedaba dormida. Un sofá de vinilo duro junto a la pared sería mi cama, mientras una enfermera se quedaba con nosotras, y hacía comprobaciones cada quince minutos. Mi preciosa niña se veía muy pequeña y frágil en esa cama de hospital. Estaba más enferma de lo que pensábamos, y esta última crisis me había dejado abrumada e inestable.

Mientras yacía allí en la oscuridad de esa habitación de hospital, mis ojos se anegaron por el dolor desbordado y la impotencia. Las señales familiares de ansiedad comenzaron a inundar mi cuerpo. Sentí que mi pecho se apretaba y se cargaba, y mis manos empezaron a temblar mientras luchaba por recuperar la respiración.

Me sentí pequeña, asustada y muy, muy sola.

Intenté orar, pero mi mente solo estaba llena de preocupación y miedo. Me quedé sin palabras.

No tenía nada más que decir, nada más que orar.

Mientras buscaba esperanza y respiraba con dificultad, recordé: *hay palabras que puedo orar cuando no tengo palabras para orar, cuando lo único que puedo ofrecer es mi aliento tembloroso.*

Unos meses antes había leído por primera vez sobre las oraciones de la respiración y me cautivaron. Escribí algunas y las guardé en mi corazón. Y ahora, meses después, las palabras de una de esas oraciones acudieron de repente a mi mente. Eran solo un puñado de palabras del Salmo 23, divididas en dos pequeñas líneas. Inhalé profundamente, y mientras lo hacía, traté de enfocar mi mente en las palabras: «El Señor es mi pastor», y al exhalar susurré «Nada me faltará». Y, una vez más, inhalando profundamente enfoqué mis pensamientos en «El Señor es mi pastor» y después exhalé «Nada me faltará».

Mientras me concentraba en mi respiración y en las palabras de las Escrituras, mi cuerpo se calmaba y mi alma recordaba una verdad que nunca cambiará, sin importar mis circunstancias: «El Señor es mi pastor», incluso aquí, en este hospital, junto a mi hija conectada a los monitores. Y «nada me faltará», porque incluso aquí, en la oscuridad, lo tengo a Él. El Buen Pastor, el que nos guía con ternura y nos sostiene cuando estamos heridos y agotados, el que vela por nosotros durante la noche. Él es lo único que necesito.

Esa sencilla oración ayudó a calmar mis preocupaciones y mis temores.

La profunda inhalación ayudó a apaciguar los síntomas físicos de mi angustia, y la oración me ayudó a centrar de nuevo mis pensamientos en Cristo y Su amor por mí, y me quedé dormida con una paz renovada.

En las semanas siguientes, sentada junto a la cabecera de mi hija día y noche en aquella pequeña habitación, seguía repitiendo pasajes breves de las Escrituras para mí misma, mientras desaceleraba intencionalmente mi respiración, inhalando y exhalando al ritmo de la Palabra. Las oraciones de la respiración llenaban mis días. A veces caminaba por los pasillos del hospital, cuando me sentía abrumada y la ansiedad tiraba fuerte de mi corazón, y respiraba con lentitud mientras caminaba, repitiendo las palabras de una oración corta una y otra vez como un ritmo constante de gracia, hasta que mi cuerpo se calmaba y la paz regresaba de nuevo.

La ciencia de la respiración y la práctica de orar la Palabra de Dios pueden colaborar para ayudarte a calmar tu cuerpo y reorientar tu mente hacia Cristo.

Las oraciones de la respiración me cambiaron durante esas semanas. Y, desde entonces, han seguido siendo un salvavidas en los días oscuros y difíciles. Se han convertido en un consuelo para mí, no solo en tiempos de gran ansiedad, sino cualquier día, fortaleciendo tanto mi cuerpo como mi alma al ayudarme a guardar verdades importantes en mi corazón y pavimentar caminos de paz en mi mente.

Escribí este libro porque es el que yo habría necesitado cuando me cercaban los muros de aquella habitación de hospital y luchaba por respirar sin saber qué orar. Es el libro que necesito hoy, cuando las preocupaciones y las angustias siguen presionando y los días venideros permanecen inciertos. Por ello, ofrezco estas palabras con humildad, desde mi alma, propensa a la ansiedad, a la tuya, de modo que puedan ser una guía amistosa y compasiva a la sencilla, pero poderosa, técnica de las oraciones de la respiración. Al margen de cómo se encuentran tu mente y tu cuerpo en este momento, y del motivo por el cual has abierto este libro, espero que encuentres gracia en estas páginas y que la oración del corazón abra una puerta hacia una conexión más profunda con el Dios que te creó y que te ama, quien te rescata y te redime, quien siempre está contigo, sin importar lo que estés sintiendo.

ENTENDER LA ORACIÓN DEL CORAZÓN

Las oraciones de respiración combinan dos herramientas poderosas que pueden ayudar a calmar la ansiedad: la ciencia de la respiración profunda y las oraciones de meditación en la Palabra de Dios.

A menudo tendemos a separar la ciencia y la fe, como si fueran fuerzas contradictorias en guerra. Pero, en realidad, la ciencia del cerebro y el cuerpo no contradice en absoluto la Palabra de Dios. Si acaso, solo la valida aún más.[1] Al fin y al cabo, es Dios quien creó y diseñó nuestros cuerpos.

Dependiendo de tu trasfondo, el concepto de respiración y meditación puede causarte dudas en un principio. Tal vez evoque imágenes de un místico meditando en la cima de una montaña, o tal vez suene a práctica de la nueva era. Aunque muchas religiones y prácticas espirituales usan formas de meditación y respiración, las oraciones de la respiración son diferentes.

Las oraciones del corazón combinan ejercicios de respiración profunda con oraciones de meditación en la Palabra de Dios para ayudar a calmar tu cuerpo mientras enfocas tu mente en la verdad.

Las oraciones del corazón no son una cura para la ansiedad ni la sustitución de un tratamiento médico profesional o terapia. Todos experimentamos la ansiedad en alguna forma a lo largo de nuestra vida.

Oraciones del corazón

SON/ESTÁN:

- Breves, mayormente oraciones de una sola frase
- Arraigadas en las Escrituras
- Alineadas con el ritmo de la respiración: la primera mitad se pronuncia mientras se inhala, y la segunda parte mientras se exhala
- Repetidas varias veces con el propósito de meditar en la Palabra de Dios, al procesar de forma activa las palabras y reflexionar en ellas
- Conscientes: enfocan la mente en Cristo y la llenan de Su Palabra
- Dirigidas hacia arriba, a Dios

NO SON/ NO ESTÁN:

- Una práctica humanista y autosanadora de la nueva era
- Arraigadas en la espiritualidad ni en prácticas paganas
- Una cura para todo tipo de ansiedad
- Una «meditación mantra» con el propósito de tapar los pensamientos y repetir una palabra o frase una y otra vez hasta que pierda todo sentido
- Inconscientes: centradas en vaciar la mente para obtener paz interior
- Dirigidas hacia adentro, al ser interior

Cuando se elevan con regularidad, estas oraciones pueden transformar cómo respondes a esta ansiedad y pueden ayudarte a experimentar una paz profunda y duradera, mientras navegas por las aguas, a menudo agitadas del temor y de la preocupación.

LA ANSIEDAD Y EL CUERPO

La preocupación y la ansiedad son experiencias humanas comunes. La preocupación se encuentra en nuestra mente y se alimenta de nuestros pensamientos e inquietudes sobre acontecimientos o circunstancias específicos de nuestra vida. Todos nos preocupamos, aunque hay que reconocer que algunos lo hacemos más que otros. Podemos preocuparnos por nuestros hijos, por nuestra salud, nuestras relaciones, nuestros empleos o, incluso, por el futuro, por las cosas que todavía no han sucedido. La vida está llena de situaciones estresantes que pueden llenar nuestra mente de preocupación; y para muchos de nosotros, esa preocupación puede conducir a su manifestación más intensa: la ansiedad. La preocupación y la ansiedad están interrelacionadas,[2] pero mientras la preocupación reside principalmente en nuestra mente, la ansiedad es una preocupación que llevamos en nuestro cuerpo. La ansiedad se manifiesta en síntomas físicos que pueden resultar muy incómodos.

La forma en que nuestro cuerpo procesa las emociones y las situaciones estresantes no es un accidente. Dios nos diseñó de maneras intrincadamente conectadas, y entender cómo experimenta el cuerpo la ansiedad es el primer paso para calmarla.

El sistema nervioso autonómico, que incluye los sistemas nerviosos simpático y parasimpático, conecta el cerebro con cada órgano interno y, de forma automática, regula numerosas funciones corporales, incluida nuestra respuesta al estrés y a la ansiedad.[3]

Por favor, ten en cuenta: Existe una diferencia entre la ansiedad (que todos experimentamos) y los trastornos de ansiedad (que afectan aproximadamente al 20 % de la población).[4]

La ansiedad es una sensación temporal de incomodidad o preocupación que tiene una fuente específica, y la gravedad de los síntomas generalmente es proporcional a esa causa. Todos experimentamos ansiedad de vez en cuando, alimentada por preocupaciones, estrés o miedo respecto a cosas que están tanto dentro como fuera de nuestro control. Esta es una experiencia humana normal.

Los trastornos de ansiedad son diferentes. Una persona con trastorno de ansiedad experimenta una ansiedad crónica que a menudo es intensa y desproporcionada respeto a la situación. Incluso pueden experimentar ansiedad sin ninguna causa específica. Hay muchos tipos de trastornos de ansiedad, cada uno con diferentes conjuntos de síntomas físicos y cognitivos. Si no se tratan, los trastornos de ansiedad pueden agravarse con el tiempo e interferir seriamente en la vida diaria de una persona.

Cuando se menciona la ansiedad en este libro, se refiere a la ansiedad común y cotidiana. Este libro no está destinado a ser una guía para tratar o diagnosticar condiciones médicas o psicológicas. Si estás luchando con una ansiedad severa o experimentando otros síntomas de salud mental que interfieren con tu vida diaria, te ruego que busques la ayuda de un profesional capacitado y cualificado. No hay vergüenza en recibir atención para tu salud mental. Las condiciones de salud mental no son una señal de debilidad o falta de fe. El cerebro es un órgano complejo propenso a enfermedades y trastornos, igual que cualquier otra parte de nuestros cuerpos caídos. Y si estás experimentando pensamientos de desesperanza o suicidio, por favor llama para recibir ayuda inmediata: Línea Nacional de Prevención del Suicidio, 1-800-273-8255. Está bien no estar bien. Pero hay ayuda. No tienes que sufrir solo.

Cuando el cuerpo siente el peligro, el sistema nervioso simpático se dispara y entra en acción. Actúa como un acelerador, y revoluciona nuestros sistemas internos para que respondan.[5] El ritmo del corazón aumenta, la respiración se vuelve más rápida y se activa la respuesta de lucha o huida. Toda una serie de respuestas complejas se producen de manera casi instantánea[6] mientras «el cerebro emocional» (la amígdala) toma el control y evita el «cerebro pensante» (el córtex prefrontal),[7] lo que dificulta procesar los pensamientos de manera racional y mantener la perspectiva. ¿Has observado alguna vez que es difícil pensar cuando estás sintiendo una emoción intensa como el temor? En esos momentos respondes por puro instinto. Tu reacción «visceral» suele tomar los mandos y hasta puedes sentirte algo fuera de control. Esto es así por diseño, y no es bueno cuando nos enfrentamos a una amenaza peligrosa.

Una vez que la percepción de peligro ha pasado, el sistema nervioso parasimpático toma el control y actúa como un freno, reduciendo la frecuencia cardíaca[8] y la respiración. La mayoría de las vías del sistema nervioso parasimpático discurren a través de dos nervios, que juntos se denominan nervio vago. Estos nervios pasan desde el tronco encefálico por todo el cuerpo y envían información al cerebro desde todos los órganos internos. Cuando se activa el nervio vago, el cerebro recibe la señal de que es el momento de calmarse y las funciones naturales de «descanso y digestión» y «restauración y reparación» del cuerpo se ponen en marcha. El organismo se calma y la capacidad de pensar racionalmente regresa.[9]

Todo esto forma parte de la manera compleja en que Dios diseñó nuestro cuerpo para poder reaccionar con rapidez y eficiencia frente al peligro. Es maravilloso tener un sistema así cuando, de repente, te encuentras con un oso en tu camino y necesitas actuar rápidamente. Sin embargo, no es tan útil cuando se activa por cosas que no son realmente peligrosas.

Debido a que vivimos en un mundo caído con cuerpos imperfectos que ya no están perfectamente integrados como Dios los diseñó, sino que están «des-integrados»[10] como resultado del pecado y de la muerte, nuestros cuerpos son propensos a la desregulación. En consecuencia, los procesos naturales que ayudan a controlar la ansiedad pueden desequilibrarse a menudo. A veces, el sistema nervioso simpático se activa por cosas que no son amenazas válidas. Nuestras preocupaciones y nuestros miedos no siempre están basados en un peligro real, y nuestra respuesta al estrés puede reaccionar en extremo y prepararse para luchar o huir cuando no hay amenaza alguna presente. A veces, el sistema nervioso simpático puede permanecer altamente activo mucho más tiempo del necesario en lugar de regresar a su nivel base, mientras que el sistema nervioso parasimpático está subactivo y es incapaz de «frenar» los sentimientos de ansiedad con eficacia.

Equilibrar los sistemas simpático y parasimpático es un paso importante para regular nuestras emociones. Aquí es donde la respiración intencional puede ayudar. La respiración es una forma de calmar los síntomas físicos de la ansiedad y restaurar la alineación dentro del sistema nervioso.

LA RESPIRACIÓN: EL PUENTE ENTRE EL CEREBRO Y EL CUERPO

«La respiración es el puente entre el cerebro y el cuerpo». Escuché estas palabras por primera vez de la boca del psiquiatra Dr. John Bocock en nuestra primera visita. Un año antes, a nuestra hija le habían diagnosticado Trastorno de Ansiedad Generalizada y sufría de ataques de pánico severos y frecuentes, y su primer consejo profesional se centró en la respiración y el poder del aliento, especialmente en lo que se refiere a gestionar la ansiedad.

Emociones como la preocupación y el miedo pueden activar la respuesta de estrés del cuerpo; del mismo modo, lo que experimentamos físicamente en el cuerpo puede afectar nuestras emociones. Por ello, a menudo podemos calmar nuestras preocupaciones y reducir los síntomas de la ansiedad con solo controlar una función corporal crítica: la respiración.

La respiración es uno de los pocos procesos corporales que se puede regular de manera consciente e inconsciente.[11] No podemos reducir intencionalmente nuestra frecuencia cardíaca o regular nuestra presión arterial a voluntad, pero sí podemos controlar nuestra respiración. Podemos hacer que sea lenta y profunda, o rápida y superficial. La respiración nos da una conexión directa con el nervio vago en nuestro sistema nervioso parasimpático. Cambiarla puede afectar de forma directa las señales enviadas del nervio vago al cerebro.

El Dr. Curt Thompson escribió: «Al controlar nuestra respiración, podemos influir de manera intencional en el cerebro y en el sistema nervioso autónomo, cambiando así literalmente nuestro estado cuerpo-mente. Al modificar el patrón de nuestra respiración, alteramos el patrón de la información que se manda al cerebro. En otras palabras, la frecuencia, la velocidad y la cantidad con que inflamos nuestros pulmones afecta directamente al cerebro y a su modo de operar».[12]

¡La respiración nos proporciona una forma de hackear nuestro propio cerebro y nuestro sistema nervioso!

HUELE LAS FLORES; APAGA LAS VELAS

Los ejercicios de respiración profundos, también llamados trabajo de respiración, requieren práctica en el tiempo para llegar a ser efectivos.

Si no tienes experiencia con el trabajo de la respiración, he incluido tres técnicas de respiración diafragmática comunes que han demostrado activar el nervio vago. Las instrucciones están en la página 32 y en la página 35 encontrarás ejemplos de técnicas.

El trabajo de respiración se centra en la respiración intencional. Es importante inhalar lenta y profundamente por la nariz y exhalar por la boca con lentitud y por completo. Una frase común que nos ayuda a recordar esto es: «Huele las flores y apaga las velas». Al «oler las flores» inhala profundamente y concéntrate en llenar al máximo tu diafragma, permitiendo que tu estómago se expanda por completo. La mayoría de nosotros solemos respirar dilatando el pecho, por lo que la respiración diafragmática puede requerir algo de práctica. Luego, al exhalar, imagina que estás apagando las velas de un gran pastel de cumpleaños. Tómate tu tiempo mientras alargas la exhalación para apagar todas esas velas.

Cuando se realiza de manera regular, este tipo de trabajo de respiración tiene muchos beneficios comprobados, incluidos la reducción del estrés y la ayuda en el manejo del dolor.[13] Numerosos estudios han demostrado que el trabajo de respiración también es efectivo contra la ansiedad, la depresión y el insomnio;[14] además, se ha probado que reduce la presión arterial, aumenta la variabilidad de la frecuencia cardíaca y la oxigenación, mejora la función pulmonar, la condición cardiorrespiratoria y la fuerza de los músculos respiratorios.[15]

El trabajo de respiración es excelente. Los beneficios son innegables. Pero, por sí solo, es incompleto. No aborda nuestra necesidad más profunda.

LA ORACIÓN DEL CORAZÓN COMO UNA PRÁCTICA ESPIRITUAL

Durante siglos, las personas han integrado el trabajo de respiración en prácticas espirituales como la meditación y la atención plena, conectando la respiración no solo con el cuerpo, sino también con la mente y el alma, y convirtiendo el trabajo de respiración no solo en una experiencia física, sino también espiritual. Muchas de estas prácticas implican a menudo intentar *vaciar* la mente o mirar *dentro de uno mismo* para encontrar la paz. Estas técnicas pueden tener algunos beneficios, pero la atención plena y la meditación que no están centradas en Cristo y en Su amor por nosotros no conducirán al verdadero florecimiento; pueden ayudar a proporcionar un respiro temporal de los sistemas físicos del estrés a nuestros cuerpos, pero perdemos la conexión profunda que nuestras almas anhelan tener con Cristo.

La meditación cristiana consiste en *llenar* la mente de la Palabra de Dios y recurrir a *Él*, y no a nuestro interior para encontrar la paz.

La *oración* es lo único importante que distingue las oraciones del mero trabajo de respiración y atención plena.

La oración es la clave que lo cambia todo.

Ya hemos establecido que la respiración es el puente entre el cerebro y el cuerpo.

De un modo similar, la oración actúa como un puente entre Dios y Su pueblo.

El pecado rompió la conexión íntima que teníamos con Dios. Cristo restableció esa conexión a través de Su muerte y de Su resurrección, y abrió un camino para que lo conociéramos; ahora tenemos acceso directo a Él a través de la oración. Es un puente desde nuestro corazón al Suyo. Es como nuestro aliento espiritual:

- La respiración tiene un ritmo, una cadencia de inhalaciones y exhalaciones. La oración también lo tiene: la cadencia de inhalar la gracia de Dios y exhalar nuestros temores.
- Respirar puede ayudar a restablecer y realinear tu sistema nervioso. La oración puede ayudar a restablecer y realinear tu alma.
- La respiración profunda puede calmar el cerebro y el cuerpo. La oración puede calmar la mente y el alma.

Hay un Dios, solo uno, y un sacerdote-mediador, Jesús, quien se entregó a Sí mismo a cambio de todos los que eran cautivos del pecado para liberarlos.

1 TIMOTEO 2:5-6 [TRADUCIDO LITERALMENTE DE LA VERSIÓN THE MESSAGE]

Cuando oramos, inhalamos la verdad de la presencia y del amor de Dios, respiramos Su bondad y Su gracia, y exhalamos el peso de nuestros temores y nuestras ansiedades, entregando a Dios todas nuestras preocupaciones y nuestros deseos.

Las técnicas de respiración por sí solas pueden ser útiles, pero cuando las conectas con la oración, tienes una herramienta poderosa que puede sintonizar el cerebro, el cuerpo, la mente y el alma, especialmente en tiempos de estrés. La oración del corazón puede ayudar a calmar tu ansiedad al conectarte con tu Creador y alinear tu respiración con el ritmo de Su gracia.

La ansiedad nos hace enfocarnos en nosotros mismos, en nuestros sentimientos y emociones, y en la incomodidad que nos causan. En la oración del corazón, reorientamos nuestros pensamientos hacia Cristo, y así, en lugar de los sentimientos, Él se convierte en el centro de nuestro enfoque.

La oración del corazón puede ser un salvavidas en tiempos de ansiedad y una puerta a una vida de oración más profunda, mientras realineas intencionalmente tu corazón con Aquel que te hizo, te ama y siempre está contigo.

La ansiedad no tiene que ser un obstáculo para tu fe.

A menos que estés siendo atacado por un oso o que te estés enfrentando a una amenaza real, la ansiedad puede ser tan solo la señal para desacelerar, respirar profundamente y prestar atención a aquello que estás pensando y sintiendo en ese momento. La ansiedad no tiene porqué desencadenar en ti una espiral de pánico, más bien podría hacer que acudas a Cristo en oración. Por tanto, cuando la ansiedad empiece a presionarte, tómate un tiempo para bajar el ritmo y respira. Usa la oración del corazón de este libro como guía para ayudarte a respirar, u ora con tus propias palabras y entrégale tus preocupaciones, aceptando su aliento de paz.

Inhala profundamente. Dios te da aliento. Él te dará todo lo que necesitas. Es posible que sientas que las cosas no van bien ahora, pero no importa. Porque Dios sigue estando contigo.

Exhala lentamente. No hay necesidad de apresurarse. Dios tiene el control. Él sabe lo que está haciendo. Estás a salvo. Él te sostiene y te ama.

Repite la oración del corazón tantas veces como necesites hasta que tu ansiedad disminuya, tu cuerpo y tu cerebro se calmen, y tu alma y mente vuelvan a alinearse con Cristo y Su amor por ti.

Cuanto más respondas a la ansiedad de esta manera, más automático se volverá este proceso. Este cambio no se produce de la noche a la mañana, y requerirá una práctica repetida a lo largo del tiempo para experimentar resultados más significativos. Pero a medida que practicas las oraciones del corazón, en realidad comienzas a cambiar las redes neuronales de tu cerebro. La ciencia lo llama neuroplasticidad: tu cerebro es un órgano dinámico que puede ser cambiado y remodelado literalmente, a medida que aprendes, creces y experimentas cosas nuevas. Me gusta pensar en ello como un ejemplo extraordinario de cómo estás siendo «transforma[do] mediante la renovación de [tu] mente» (Romanos 12:2). Dios nos cambia de dentro hacia afuera cuando acudimos a Él de forma intencional y sistemática.

Al dirigir tus pensamientos hacia la Verdad y reorientar tu corazón hacia Cristo a través de la oración, participas en la obra del Espíritu Santo y dejas «que Dios transforme [tu] vida con una nueva manera de pensar» (Romanos 12:2 PDT).

Dios te ha creado para mucho más que una vida ansiosa, llena de temor y preocupación. Te ha llamado a una vida abundante de paz y gozo, mientras Cristo te transforma y tu mente es renovada día a día.

La ansiedad no es un enemigo contra el que debas pelear. Es una oportunidad para desacelerar e invitar a Cristo a tu lucha, para respirar profundamente en Su presencia y dejar que Su paz entre en todos tus lugares rotos. Te invito a practicar las oraciones del corazón de este libro, y te reto a convertirlas en un hábito diario.

Prueba durante una semana, un mes, o incluso tres meses, y observa qué efecto tiene esta práctica sobre tu ansiedad. ¿Cómo afecta a los síntomas físicos que sientes en tu cuerpo? ¿Cómo afecta a tu alma y a tu relación con Dios? Desacelera y pon atención durante solo cinco minutos cada día, incluso si no sientes ansiedad; tómate el tiempo de respirar profundamente y escuchar la voz de Dios recordándote que estás a salvo, que Él te conoce, te ama y te sostiene hoy y siempre.

Oración del corazón

FUNDAMENTOS

Las oraciones del corazón pueden elevarse en cualquier momento y donde quiera que puedas desacelerar, tener tranquilidad y respirar.

1 Respira

Inhala profunda y lentamente por la nariz. Siente cómo tus pulmones se llenan por completo.

Concéntrate en llenar la parte inferior de tus pulmones (tu diafragma) para que tu estómago se expanda mientras la parte superior de tu pecho permanece quieto.

Exhala lentamente. Vacía del todo tus pulmones.

Repite varias veces mientras llevas tu respiración a un ritmo lento y constante.

2 Ora

Inhala: Continúa respirando lentamente mientras oras. Llena tus pulmones poco a poco, mientras pronuncias el tramo de «inhalar» de la oración.

Exhala: Vacía tus pulmones lentamente mientras enuncias la parte de «exhalar» de la oración.

Medita en las palabras mientras respiras al ritmo de la oración.

Cómo y por qué FUNCIONAN

Las oraciones del corazón combinan ejercicios de respiración profunda con oraciones de meditación sobre la Palabra de Dios. Las respiraciones lentas y profundas ayudan a activar el sistema nervioso parasimpático, reducen la frecuencia cardíaca y calman el cuerpo, mientras que la oración orienta el corazón hacia Cristo, enfocando la mente en la verdad y aquietando el alma.

3 Repite

Repite la oración del corazón, inhalando y exhalando poco a poco durante al menos un minuto.

Intenta trabajarlo durante cinco minutos.

inhala

HUELE las FLORES;

APAGA las VELAS

exhala

Las oraciones del corazón pueden
elevarse en cualquier momento
y donde quiera que puedas
desacelerar, tener tranquilidad
y respirar.

Respira

TÉCNICAS DE RESPIRACIÓN

365

tres veces al día, seis respiraciones por minuto, durante cinco minutos.

- Inhala lentamente por la nariz durante **cinco** segundos
- Exhala lentamente por la boca durante **cinco** segundos
- Repite durante **cinco** minutos

4-7-8 (LA RESPIRACIÓN RELAJANTE)

- Inhala lentamente por la nariz contando hasta **cuatro**
- Retén la respiración contando hasta **siete**
- Exhala por completo por la boca contando hasta **ocho**
- Repite el ciclo tres veces más hasta un total de cuatro respiraciones

RESPIRACIÓN CUADRADA

(también llamada «respiración de caja»)

- Inhala lentamente por la nariz contando hasta **cuatro**
- Retén la respiración contando hasta **cuatro**
- Exhala lentamente por la boca contando hasta **cuatro**
- Aguanta la respiración contando hasta **cuatro**

«En la oración pretendemos abandonar el mundo de las ansiedades y entrar en un mundo de maravillas».

EUGENE PETERSON

Respondiendo a Dios

Oración del corazón

TEMAS

Oraciones de confianza
Confía en Dios con tu vida

Oraciones de amor
Permanece en el amor inquebrantable de Dios

Oraciones de rendición
Entrégale a Dios tus preocupaciones y ríndete a Su voluntad

Oraciones de dirección
Acude a Dios, síguele y deja que Él guíe tu senda

Oraciones de ayuda
Depende de Dios para recibir ayuda

Oraciones de esperanza
Aférrate a la esperanza

Oraciones de presencia
Ten claro que Dios siempre está contigo

Oraciones de paz
Experimenta paz en tu alma

Oraciones de fuerza
Confía en que Dios te fortalece

Oraciones de protección
Descansa segura bajo la protección de Dios

Oraciones de gratitud
Enfócate en la bondad de Dios y dale las gracias

Oraciones de arrepentimiento
Busca el perdón y la libertad del peso del pecado

DIOS ES TU PASTOR

Respira hondo y ten claro: *El buen Pastor está contigo. Tienes todo lo que necesitas.*

Una de las imágenes más hermosas y reconfortantes de cómo Dios nos ama y cuida de nosotros es cuando se le describe como un pastor que cuida de Sus ovejas. Jesús mismo nos dice: «Yo soy el buen pastor; conozco a mis ovejas, y ellas me conocen a mí» (Juan 10:14).

Un rebaño de ovejas depende por completo de su pastor. Por sí solas, las ovejas domesticadas tienden a vagar, expuestas al peligro, incapaces de levantarse si caen. Incluso pueden tener problemas para encontrar su propio alimento o agua. Pero bajo el cuidado y la guía de un pastor amoroso, las ovejas son conducidas a pastos verdes y abundantes, protegidas de los depredadores peligrosos, levantadas y estabilizadas cuando caen, y guiadas de regreso al rebaño cuando se asustan o comienzan a alejarse. Las ovejas pueden reconocer el rostro de su pastor y conocen su voz. Confían en él y dependen de él para que les proporcione todo lo que necesitan.

Como tu buen pastor, el Señor te está guiando amorosamente y proveyendo para ti hoy. Al margen de tus circunstancias o del camino en el que esta vida te ha puesto, el Señor, tu pastor, está contigo. No debes preocuparte ni tener miedo. Tan solo quédate con el Pastor. Con Él, siempre tendrás todo lo que necesitas.

El SEÑOR *es mi pastor; tengo todo lo que necesito.*

SALMOS 23:1 NTV

inhala:

EL SEÑOR ES MI PASTOR,

exhala:

TENGO TODO LO QUE NECESITO.

DIOS ES TU REFUGIO

Respira hondo y ten claro: *No estás solo. Dios está contigo, para ayudarte y ofrecerte refugio, para darte fuerza cuando eres débil.*

¿Te atormenta la ansiedad? ¿El miedo y la preocupación te presionan y te paralizan? ¿Y qué hay de las noches sin dormir cuando los pensamientos acelerados no se calman? Todos experimentamos estas cosas de vez en cuando, y de manera más aguda durante temporadas desafiantes o estresantes de la vida. Pero no estamos solos en estas batallas.

Cuando la ansiedad presione y los problemas parezcan rodearte, cuando te sientas débil y solo, corre hacia Jesús. Vuelve a Él. Jesús es un refugio, un lugar seguro, un abrigo seguro durante la tormenta. Él es tu fortaleza en la debilidad, una mano que te estabiliza cuando tropiezas en la oscuridad. Él está contigo, a tu lado, listo para ayudarte, sin importar las pruebas o los problemas que enfrentes. No tienes que hacerlo solo. Así que, en lugar de responder al problema y al estrés con pánico o miedo, deja que esos sentimientos sean una señal para volverte hacia Cristo y buscar la paz que viene de refugiarnos en Su presencia.

Dios es nuestro refugio y nuestra fortaleza,
nuestra segura ayuda en momentos de angustia.

SALMOS 46:1

inhala:

TÚ ERES
MI REFUGIO
Y MI FORTALEZA,

exhala:

MI SEGURA AYUDA
EN MOMENTOS
DE ANGUSTIA.

DIOS ES TU ESCUDO

Respira hondo y ten claro: *Puedes descansar detrás de Dios como escudo, sabiendo que Él te ayudará y te protegerá.*

El propósito de un escudo es proteger. Es la primera línea de defensa, una barrera literal entre tú y el peligro que se acerca, ayudando a repeler los ataques. Para que un enemigo llegue a ti, debe pasar primero por el escudo.

Se nos da bien construir nuestros propios escudos, armar una armadura alrededor de nuestros corazones en un intento por protegernos del dolor, de las decepciones y de las preocupaciones de esta vida. Pero incluso los escudos más fuertes son imperfectos. Ningún escudo hecho por nosotros será nunca lo bastante fuerte.

Dios es tu escudo perfecto y tu fortaleza. No tienes que ser lo suficientemente fuerte porque Él lo es. Él está allí para protegerte y ser la fuerza que necesitas. ¿Sientes cansancio hoy? ¿Te sientes vulnerable a los ataques de la vida y a un aluvión de preocupaciones? Deja que Dios sea tu escudo. Él es más fuerte que cualquier enemigo que te amenace. Su escudo de protección permanecerá firme y seguro, sin importar qué arma se utilice en tu contra.

El Señor es mi fortaleza y mi escudo; confío en él con todo mi corazón. Me da su ayuda, y mi corazón se llena de alegría.

SALMOS 28:7 NTV

inhala:

Tú eres
mi escudo.

exhala:

Confío en ti
para que me
ayudes.

PUEDES ENTREGARLE TUS CARGAS A DIOS

Respira hondo y ten claro: *Puedes soltar las cargas que estás reteniendo. Puedes confiar en Dios para que cuide de ti.*

Con mucha frecuencia, la ansiedad está directamente relacionada con las cargas y las preocupaciones que estamos llevando. Conoces ese sentimiento, cuando las circunstancias se salen de tu control, cuando la incertidumbre te presiona y cuando el futuro es incierto. Resulta tan fácil preocuparnos y dejar que el peso de esa preocupación nos agobie. A menudo parece un instinto difícil de controlar, como si la preocupación fuera solo una respuesta automática al estrés.

Pero la verdad es que ninguna medida de preocupación nos hace bien. Podemos sentir que estamos tomando acción cuando nos preocupamos, pero la preocupación nunca ha resuelto un problema ni ha predicho un resultado, ni calmado un corazón agobiado. De hecho, la preocupación suele conducir a la ansiedad, que activa nuestra respuesta al estrés y desregula nuestros cuerpos. Y para los creyentes, la preocupación refleja en última instancia nuestra duda sobre el cuidado y la provisión de Dios. En cambio, la Biblia nos indica: «No se preocupen por nada; más bien, en toda ocasión, con oración y ruego, presenten sus peticiones a Dios y denle gracias» (Fil 4:6).

¿Qué cargas estás sosteniendo hoy? ¿Qué necesitas entregar a Dios y confiar a Su cuidado?

Entrégale tus cargas al SEÑOR*, y él cuidará de ti;*
no permitirá que los justos tropiecen y caigan.

SALMOS 55:22 NTV

INHALA:

Te entrego mis cargas;

EXHALA:

Tú cuidarás de mí.

EL AMOR DE DIOS ES ILIMITADO

Respira hondo y ten claro: *No hay límites para el amor y la fidelidad de Dios hacia ti.*

Nada de lo que puedas hacer podría detener el amor de Dios por ti y, sin embargo, a menudo vivimos como si nuestros problemas fueran más grandes que Él. Tenemos miedo y estrés, preocupación e inquietud. Podemos afirmar que creemos en Dios y en Sus promesas, que Su amor es más alto, más grande y más fuerte que cualquier cosa, pero ¿de verdad lo creemos?

Sincérate hoy. ¿Qué límites le has puesto al amor y a la fidelidad de Dios? ¿Hay un diagnóstico, una relación, una situación estresante en el trabajo, un rechazo o una traición, un pecado o una mala elección que, en tu opinión, eclipsa Su amor por ti o Su fidelidad hacia ti?

Menciona lo que es.

Independientemente de lo que sea, Dios es más alto y Su amor es más grande incluso que eso. Respira en las verdades de esta oración y descansa en Su amor inquebrantable hoy.

Pues tu amor inagotable es más alto que los cielos;
tu fidelidad alcanza las nubes.

SALMOS 108:4 NTV

inhala:
TU AMOR INAGOTABLE
exhala:
ES MÁS ALTO
QUE LOS CIELOS,

inhala:
TU FIDELIDAD
exhala:
ALCANZA
LAS NUBES.

LA MANERA DE DIOS ES LA MEJOR

Respira hondo y ten claro: *La manera de Dios siempre es la mejor, el camino perfecto, porque su senda está construida sobre Sus promesas, promesas que siempre demostrarán ser verdad.*

Cada promesa de Dios demuestra ser verdad. Cada... una... de ellas.

- «Estoy con ustedes siempre, hasta el fin de los tiempos» (Mateo 28:20, NTV).
- «Nunca te dejar[é] ni te abandonar[é]» (Deuteronomio 31:8).
- «Yo les daré descanso» (Mateo 11:28).
- «Yo te ayudaré» (Isaías 41:13).
- «Mi fiel amor por ti permanecerá» (Isaías 54:10, NTV).
- «De la mano del Padre nadie [los] puede arrebatar» (Juan 10:29).

¿Qué promesa de Su Palabra necesitas recordar hoy? Si estás en medio de una tormenta, el miedo y la ansiedad que estás experimentando pueden sentirse más grandes que la verdad; pero el hecho de que tus sentimientos sean abrumadores no significa que las promesas de Dios sean anuladas. Dios nunca afirma que Su camino es fácil o sin dificultades, sin dolor o sin lucha, pero sí nos asegura que Su camino es el mejor, y que podemos confiar en la verdad de Sus promesas: siempre demostrarán ser verdaderas.

El camino de Dios es perfecto. Todas las promesas del Señor demuestran ser verdaderas. Él es escudo para todos los que buscan su protección.

SALMOS 18:30 NTV

inhala:

Tu camino es
perfecto;

exhala:

Todas tus promesas
demuestran ser
verdad.

DIOS CALMA TU CORAZÓN ANSIOSO

Respira hondo y ten claro: *El mismo Dios que calma las tormentas hasta convertirlas en un susurro puede calmar tu corazón ansioso.*

La ansiedad puede percibirse como una tormenta dentro de ti. Nubes gruesas de miedo llenan tu mente mientras llueven tristeza y sufrimiento desde tu corazón, y los vientos de la incertidumbre soplan de todos los lados. Es fácil sentirse lanzado sobre las olas, ahogándose en un mar embravecido de preocupación o dolor.

Pero Dios es poderoso. Con una palabra puede calmar las olas. Con un suspiro puede aquietar las tormentas. Su sola presencia convierte el trueno en un susurro y las olas rompientes en un profundo silencio.

El mismo Dios que calma las tormentas del mar puede apaciguar tu corazón hoy. Las olas de tus circunstancias pueden seguir subiendo, y el trueno del miedo puede seguir retumbando, pero puede haber paz y calma en tu alma cuando te concentras en el Único que está contigo, y no en la tormenta que te rodea.

¿Qué olas están rompiendo hoy contra ti? ¿Qué trueno está ahogando Su voz? Menciona la tormenta en la que estás; luego confía en que Dios tiene el poder de calmarla hasta convertirla en un susurro. Y confía en que, si Él no calma la tormenta, te sosegará a ti a través de la tormenta. Él está surfeando esas olas contigo, justo a tu lado.

«¡Socorro, SEÑOR*!», clamaron en medio de su dificultad, y él los salvó de su aflicción. Calmó la tormenta hasta convertirla en un susurro y aquietó las olas.*

SALMOS 107:28-29 NTV

inhala:

TÚ CALMAS LA TORMENTA HASTA
CONVERTIRLA EN UN SUSURRO,

exhala:

TÚ SILENCIAS LAS OLAS
DEL MAR.

PUEDES ENTREGARLE TUS PREOCUPACIONES

Respira hondo y ten claro: *Dios se preocupa por ti. Entrégale todas tus preocupaciones; Él las llevará y también te llevará a ti.*

Cuando estoy agobiada por las muchas cargas y por las preocupaciones de la vida, a menudo tengo que recordarme a mí misma: Dios se preocupa por mí. Puedo entregarle mis preocupaciones más profundas, mis miedos más irracionales, mis heridas y mis dudas. Él lleva mis cargas. Y Él me lleva a mí. Me ha sostenido hasta ahora, y me seguirá sosteniendo, ocurra lo que ocurra.

¿A qué cargas te estás aferrando hoy? ¿Qué preocupaciones te están agobiando? ¿Qué pesadas cargas están sobre tu corazón? Tómate un momento para mencionarlas. Escríbelas. Ahora, mientras oras, deja estas preocupaciones a un lado; coloca literalmente las palabras que has escrito en el suelo delante de ti, como si las pusieras a Sus pies. Entrégaselas todas hoy a Dios.

Él quiere que le des tus preocupaciones porque se preocupa por ti. Él ya conoce el peso pesado que estás cargando y te invita a dárselo todo a Él. Deja que te lleve a ti y todas tus preocupaciones también.

Pongan todas sus preocupaciones y ansiedades en las manos de Dios, porque él cuida de ustedes.

1 PEDRO 5:7 NTV

INHALA:

Te entrego mis preocupaciones y mis problemas.

EXHALA:

porque Tú cuidas de mí.

PUEDES DESCANSAR EN LA BONDAD DE DIOS

Respira hondo y ten claro: *Independientemente de lo que tu ansiedad te esté diciendo, Dios es bueno, y tu alma puede descansar en Su amor.*

La oración nos ayuda a experimentar el amor y la aceptación de Cristo, recordándonos Su bondad y permitiendo que nuestras almas descansen en Su amor, sin importar las circunstancias en las que nos encontremos o la ansiedad que estemos sintiendo.

Sin embargo, puede ser muy difícil abrazar o incluso procesar plenamente la bondad de Dios cuando tu sistema nervioso está desregulado. En momentos de ansiedad o estrés elevados, el sistema nervioso simpático se sobrecarga, y envía al cuerpo a una respuesta de lucha, huida o parálisis. En esos momentos, los sentimientos de miedo y ansiedad dominan los sentimientos de amor y aceptación que tienes en Cristo.

Aquí es donde las oraciones del corazón pueden ayudar. Al ralentizar tu respiración, puedes calmar el sistema nervioso simpático y permitir que el sistema nervioso parasimpático tome el control. Es el momento perfecto para comenzar a cambiar intencionalmente tu enfoque, alejarte del miedo que sientes y dirigirlo hacia la verdad y la bondad de Dios. Mientras respiras profunda e intencionalmente, trata de mencionar una cosa buena que Dios haya hecho por ti. Concédele tu atención a Su bondad con cada respiración. Deja que tu mente se llene de gratitud y tu alma de paz, mientras te concentras en el amor y en la bondad de Dios hacia ti.

Que mi alma descanse nuevamente,
porque el SEÑOR *ha sido bueno conmigo.*

ISAÍAS 116:7 NTV

inhala:

Que mi alma descanse;

exhala:

Tú has sido bueno conmigo.

DIOS TE FORTALECE

Respira hondo y ten claro: *Dios es misericordioso y bueno, y será tu fuerza cada día.*

Con el amanecer de cada nuevo día viene el regalo de la esperanza renovada y la fortaleza. Como el sol se alza sobre el horizonte y la oscuridad de la noche es atravesada por los brillantes rayos de su luz, así también la fuerza de Dios puede traspasar nuestra debilidad, perforando nuestra angustia con rayos brillantes de esperanza.

Puede que no lo sientas en este momento; tal vez sientas cansancio por una temporada persistente de tristeza o estrés; puedes estar luchando por aferrarte a la esperanza en medio del dolor o el desánimo, puedes estar experimentando una intensa ansiedad o miedo. Pero tu fuerza no viene de lo que sientes, sino de Aquel en quien confías.

Eleva hoy esta oración a Dios con tu respiración. Pídele que sea tu fuerza y tu salvación en medio de cualquier problema, sufrimiento o estrés que estés afrontando. Espera en Él, descansa en Él y confía en Su corazón para ti hoy.

Señor, ¡ten compasión de nosotros; pues en ti esperamos! Sé nuestra fortaleza cada mañana, nuestra salvación en tiempo de angustia.

ISAÍAS 33:2

inhala:

SÉ MI FUERZA
CADA MAÑANA

exhala:

Y SÁLVAME EN
MI ANGUSTIA.

DIOS ES TU AYUDA

Respira hondo y ten claro: *Tu ayuda viene del Señor, Aquel que te creó y que te ama más que a todo el cielo y la tierra.*

El Creador del universo, el Dador de la vida y el Hacedor de los cielos y de toda la tierra, es quien está contigo, a tu lado, listo para ayudarte. ¿Acaso hay algo demasiado grande para Él, demasiado difícil para que lo haga? Si Su aliento puede generar la vida, si una sola palabra de Su boca puede dar origen a estrellas y planetas, seguro que puede ayudarte, no importa aquello a lo que te estés enfrentando.

Es posible que Su ayuda no llegue de la manera que esperas. Tal vez no sea en forma de sanación física completa o de alivio total del sufrimiento, pero Su ayuda llegará. Puede venir a través de la compasión y del cuidado de las personas en tu vida. Puede venir a través de medicamentos o terapia. O puede venir como una paz interior indescriptible, del tipo que solo Él puede dar, mientras está contigo en el fuego, mientras camina contigo por el desierto, y mientras te envuelve con Sus brazos en medio de la tormenta. Busca las maneras en que Dios te está ayudando hoy. ¿Puedes ver la mano ayudadora de tu Creador en tus circunstancias hoy?

¡Mi ayuda viene del SEÑOR*,*
que hizo el cielo y la tierra!

SALMOS 121:2

INHALA:

Mi ayuda viene de ti,

EXHALA:

hacedor del cielo y de la tierra.

EL AMOR DE DIOS ES CONSTANTE

Respira hondo y ten claro: *Como nada puede impedir que el sol salga o que llegue la mañana, tampoco puede detener el amor de Dios y Su misericordia por ti.*

Cuando nos encontramos en medio de cosas difíciles fuera de nuestro control, podemos sentirnos desesperados por aferrarnos a algo que hacer para mejorar la situación. Es como si pensáramos que «complacer» a Dios haciendo suficientes cosas buenas significa que Él responderá nuestras oraciones, hará lo que queremos que haga y eliminará las dificultades.

Pero Dios no funciona así. Nuestras acciones no ganan la bondad de Dios. Esta siempre viene primero, antes de que hagamos algo. Dios es bueno. Él es quien es. Su amor y Su fidelidad no cambian por lo que hacemos o dejamos de hacer. El amor de Dios nunca se detiene. Su bondad, Su amabilidad y Su misericordia nunca terminan.

Sobre el fundamento de Su amor inquebrantable, oramos por sanación, no sobre el bien que hacemos para tratar de ganarla. Confiar en Su bondad es lo que nos permite conocer la paz, ya sea que la sanación por la que oramos llegue o no. Porque cualquier cosa que venga es la bondad de Dios, y lo que sea que traiga mañana, ese amanecer siempre irá acompañado de nuevas misericordias.

¡El fiel amor del Señor nunca se acaba! Sus misericordias jamás terminan. Grande es su fidelidad; sus misericordias son nuevas cada mañana.

LAMENTACIONES 3:22–23 NTV

inhala:

TU FIEL AMOR NUNCA CESA,

exhala:

TUS MISERICORDIAS JAMÁS TERMINARÁN;

inhala:

SON NUEVAS CADA MAÑANA;

exhala:

GRANDE ES TU FIDELIDAD.

CONVIERTE EL BUSCAR A DIOS EN UN HÁBITO

Respira hondo y ten claro: *Dios sabe lo que es mejor para ti. Convierte en un hábito el buscarlo y pídele que alinee tu corazón con el Suyo para que no te apartes de Su voluntad.*

Al buscar a Dios intencionalmente por medio de una oración constante, la plegaria, como la respiración profunda y la flexibilidad, entrena el corazón para vivir en ritmo con Cristo y te ayuda a seguir Sus caminos. Puedes afrontar las pruebas con resistencia, perseguir tus sueños con Su poder, ajustarte a las sorpresas de la vida con una flexibilidad que solo viene por la fuerza de la conexión con Dios. Como los ejercicios de respiración profunda pueden ayudar a calmar tu sistema nervioso y regular la conexión entre tu cerebro y tu cuerpo, la oración regular y la comunicación con Dios pueden calmar tu mente mientras conectas tu alma con Cristo. Juntas, la respiración y la oración pueden reducir la ansiedad y aportar claridad mientras buscas a Dios de manera intencionada y sigues Sus caminos.

Cuando creas el hábito de oración en tu vida, cuando se convierte en parte de tu ritmo diario, entrenarás tu mente y tu alma para acudir primero a Dios en todas las cosas. Búscalo con todo tu corazón y verás cómo te fortalece día tras día.

Yo te busco con todo el corazón; no dejes que me desvíe de tus mandamientos.

SALMOS 119:10

inhala:

TE BUSCO CON TODO
MI CORAZÓN,

exhala:

NO DEJES QUE ME
DESVÍE DE TUS
MANDAMIENTOS.

DIOS CONOCE TUS NECESIDADES

Respira hondo y ten claro: *Dios quiere saber de ti hoy. Derrama tu corazón ante Él, dile lo que necesitas, y después confía en Él para proveerte lo que es mejor para ti.*

¿Qué necesitas hoy? ¿Ya se lo has pedido a Dios?

Él te invita a orar, a hablar con Él, a descargar tu corazón y contarle lo que necesitas. Él te encontrará donde estés y te proporcionará lo que sabe que es mejor para ti, por Su profundo amor hacia ti.

Puede que te preguntes: *Si Él ya sabe lo que necesito, ¿cuál es el propósito de orar por ello?* La oración no es tanto para el bien de Dios, para decirle lo que Él, el Creador omnisciente, ya sabe, sino para nuestro bien, para redirigir nuestra mente y realinear nuestra alma con Él y con Su voluntad para nuestra vida.

La oración no es una fórmula mágica y Dios no es un genio dentro de una botella en espera de conceder todos tus deseos. La oración es un puente que conecta tu corazón con Cristo. Te ayuda a alinearte con Su corazón mientras recuerdas la verdad de que Él te ama y sabe lo que necesitas. Cuando confías plenamente en Su corazón hacia ti, puedes entregarle tus necesidades y descansar, sabiendo que Él conoce la mejor manera de satisfacer esas necesidades.

Porque tu Padre sabe exactamente lo que necesitas, incluso antes de que se lo pidas.

MATEO 6:8 NTV

inhala:

Tú ya sabes

exhala:

todo lo que
necesito.

DIOS TE LLEVA EN SUS BRAZOS

Respira hondo y ten claro: *Él te está llevando. En Sus manos estás a salvo.*

A veces olvidamos que estamos siendo sostenidos. La oscuridad del sufrimiento se cierra sobre nosotros y es difícil ver, ver a quienes nos rodean, ver nuestros sistemas de apoyo, ver los dones y las misericordias presentes, incluso en los tiempos más oscuros. Es como si estuviéramos solos, abandonados y dejados a nuestra suerte. La oración ajusta nuestros ojos para ver la verdad: en la oscuridad, Sus manos nos están envolviendo; a través de lo desconocido, Sus brazos nos están llevando.

El Dios que te hizo, que tejió cada célula y fibra de tu ser, es Aquel que te sostiene. En este momento, Él te está sosteniendo. Y nunca, nunca dejará de hacerlo, ni hoy, ni mañana, ni en los días en que la esperanza sea difícil de mantener o la oscuridad se cierre sobre ti; no habrá un solo día en toda tu vida en el que Sus brazos amorosos no te estén llevando a través de todo.

Aun en la vejez, cuando ya peinen canas,
yo seré el mismo, yo los sostendré. Ya los hice
y cuidaré de ustedes; los sostendré y los libraré.

ISAÍAS 46:4

inhala:

Tú me hiciste y me sostienes,

exhala:

me llevas todos los días de mi vida.

LA PRESENCIA DE DIOS ES EL MILAGRO

Respira hondo y ten claro: *Tal vez no consigas el milagro que pides, pero siempre obtendrás el milagro que necesitas: Dios está contigo. Y ese es el mayor milagro de todo.*

Cuando nuestros hijos están sufriendo, cuando el diagnóstico es devastador, cuando nuestros corazones están heridos, cuando el dolor y la tristeza son pesados, cuando las luchas parecen interminables, cuando necesitamos un milagro...

Clamamos a Jesús y le rogamos que nos ayude, que sane, que haga que todas las cosas vuelvan a estar bien.

Pero a veces los días se vuelven más difíciles, las luchas continúan, el sufrimiento persiste, el dolor perdura. Y nos preguntamos: *¿Me ha escuchado Dios? ¿Acaso no tengo suficiente fe? ¿Por qué no sana? ¿Dónde está el milagro?*

Oramos y suplicamos, pero sigue pareciendo que Él no se mueve. ¿Alguna vez te has sentido así? Yo sé que sí. Durante mucho tiempo no entendí por qué Dios no parecía estar respondiendo a mis oraciones.

Él es un hacedor de milagros y puede hacer cualquier cosa. Seguro que puede obrar este milagro y hacer esto. Entonces, ¿por qué no lo hace? ¿Dónde está Él en esos momentos, cuando nada cambia, cuando las circunstancias no mejoran?

Él está aquí. *Contigo. Con nosotros.* Está a nuestro lado, sosteniéndonos todo el tiempo. Siempre recibimos un milagro porque recibimos a Dios con nosotros. La presencia de Dios siempre es el milagro, el que más necesitamos.

¡Sé fuerte y valiente! ¡No tengas miedo ni te desanimes! Porque el SEÑOR *tu Dios te acompañará dondequiera que vayas.*

JOSUÉ 1:9

inhala:

HAZME FUERTE
Y VALIENTE.

exhala:

TE ENTREGO TODO
MI TEMOR.

inhala:

TÚ ESTÁS CONMIGO

exhala:

DONDEQUIERA
QUE VOY.

PUEDES CONFIAR EN DIOS CUANDO TENGAS MIEDO

Respira hondo y ten claro: *Tu ansiedad no tiene por qué atarte en temor, pero puede ser una señal para volver tu corazón a Cristo y profundizar tu fe, mientras confía en Él y no en tus temores.*

¿Qué síntomas experimentas cuando tienes ansiedad o miedo?

Algunos síntomas comunes incluyen una cara enrojecida, manos temblorosas, una respiración acelerada, mareos, dolor muscular, un nudo o dolor en el estómago, pesadez o nudo en el pecho, tensión en los hombros, dolores de cabeza, palpitaciones y hasta lágrimas.

Identifica tus síntomas físicos en estas situaciones y deja que sean una señal para reducir la velocidad y prestar atención, una señal para respirar profundamente y dirigir tu mente a Cristo. Durante cinco minutos, respira profunda y lentamente, y ora las palabras de esta oración de respiración. Estas respiraciones profundas le recuerdan a tu cerebro que estás a salvo, y la oración le recuerda a tu alma que puedes confiar en Dios durante los tiempos de miedo. Tus sentimientos son reales, pero no siempre dicen la verdad. Cuando tu cuerpo está desregulado, aunque muy reales y a menudo desconcertantes, tus sentimientos no siempre pueden ser fiables. Pero puedes confiar en Dios en todo momento.

Pero cuando tenga miedo, en ti pondré mi confianza.

SALMOS 56:3 NTV

INHALA:

Cuando tengo miedo

EXHALA:

pongo mi confianza en ti.

DIOS SOSTIENE TU MANO

Respira hondo y ten claro: *Puedes entregar las preocupaciones a las que te estás aferrando a Aquel que te sostiene en sus manos. Él está aquí para ayudarte.*

¿Alguna vez has tenido miedo y alguien te tomó la mano? Tal vez aguardabas en la sala de espera de un médico una noticia difícil, o estabas a punto de subirte a una atracción muy alta y rápida. Tal vez te enfrentabas a una fobia, veías una película de miedo, te rodeaba una multitud de personas o ibas a salir a escena. Muchas cosas nos dan miedo. Pero hay un tipo especial de consuelo cuando alguien toma tu mano, ¿verdad? Es un acto simple de amor y apoyo, y a veces es justo lo que necesitas para dar ese paso aterrador.

Dios está sosteniendo tu mano hoy. Tal vez sientes tanto miedo que ni siquiera puedes alcanzarlo, y mucho menos sujetarte con fuerza a Su mano extendida. No te desanimes. No tienes que ser lo bastante fuerte o valiente. Él ya te está sosteniendo.

Como un padre que toma la mano de su niño pequeño, el agarre de Dios sobre ti no depende de tu fuerza, sino del amor del Padre. Dios está sosteniendo tu mano hoy. Estás a salvo, eres amada, y Él está aquí para ayudarte. Entrégale tus preocupaciones y todas las cosas que te están causando miedo, y simplemente toma Su mano hoy.

Pues yo te sostengo de tu mano derecha: yo, el Señor *tu Dios.*
Y te digo: «No tengas miedo, aquí estoy para ayudarte».

ISAÍAS 41:13 NTV

inhala:

SEÑOR, TÚ SOSTIENES MI MANO;

exhala:

TÚ ESTÁS AQUÍ PARA AYUDARME.

NUNCA ES DEMASIADO TARDE

Respira hondo y ten claro: *Nunca es demasiado tarde para empezar a caminar en la verdad.*

¿Alguna vez has tenido un nudo en el estómago cuando sabes que las decisiones que has tomado o el camino en el que andas no están alineados con Dios? A veces podemos meternos en un verdadero lío de preocupación y ansiedad cuando sabemos que hemos cometido un error, cuando hemos pecado de alguna manera o cuando hemos tomado decisiones equivocadas que nos han llevado por una senda que no es el lugar donde Dios quiere que estemos, y lo sabemos.

Este tipo de ansiedad puede, de hecho, cumplir un buen propósito porque está arraigada en una convicción que puede impulsarnos a volver a Dios. Si lo permitimos, esta ansiedad puede ser una luz amarilla parpadeante en nuestras vidas, que nos indica que desaceleremos y prestemos atención, quizás incluso para que nos demos la vuelta y vayamos en una dirección diferente.

¿El camino en el que estás ahora mismo te está acercando más a Cristo? ¿O has tomado un giro en algún punto que te ha desviado? Pídele a Dios que te enseñe Sus caminos para que puedas caminar hoy en la dirección de Su verdad.

Enséñame tus caminos, oh Señor, para que viva de acuerdo con tu verdad. Concédeme pureza de corazón para que te honre.

SALMOS 86:11 NTV

inhala:

ENSÉÑAME TU CAMINO,

exhala:

AYÚDAME A CAMINAR
EN TU VERDAD.

DIOS CONOCE TUS PENSAMIENTOS

Respira hondo y ten claro: *Dios conoce el peso de los pensamientos ansiosos que estás manteniendo, y te invita a dejar que Él aligere la carga.*

Imagina por un momento que todas tus preocupaciones y tus pensamientos ansiosos son piedras. ¿Cuántas piedras estás cargando ahora mismo? ¿Cuánto peso estás llevando sobre ti? Haz un inventario ahora mismo y enumera todas las piedras de preocupación a las que te estás aferrando.

La cuestión es que, si sigues sosteniendo esas preocupaciones y esos pensamientos ansiosos, comenzarán a pesar sobre tu alma, y tu cuerpo empezará a mostrar señales de ese desequilibrio.

¿Alguna vez sientes ansiedad, pero no sabes bien por qué? ¿Tu corazón late rápido o tus manos tiemblan? ¿Te irritas o tienes problemas para dormir? Cuando tu cuerpo comienza a mostrar síntomas de ansiedad, ¿te detienes alguna vez e identificas tus pensamientos ansiosos?

Con esta oración, recuerda pedirle a Dios con regularidad que sondee tu corazón y revele tus pensamientos ansiosos. Permítele traer a la luz la fuente de tu ansiedad para que puedas enfrentarte a ella y comiences a soltarla. Deja que Dios quite las piedras de preocupación que estás cargando... y después deja que Él las lleve por ti.

Examíname, oh Dios, y conoce mi corazón; pruébame y conoce mis ansiedades. Fíjate si voy por un camino que te ofende y guíame por el camino eterno.

SALMOS 139:23-24

inhala:

Examíname y conoce mi corazón;

exhala:

te entrego todos mis
pensamientos ansiosos.

DIOS TE ESTÁ RODEANDO

Respira hondo y ten claro: *Puedes escoger estar presente y agradecer en este momento, saber que Dios está contigo y te está rodeando en cada paso del camino.*

La versión de la NTV traduce Salmos 139:5 del siguiente modo: «Vas delante y detrás de mí». Me encanta esa imagen de Dios rodeándome, sujetándome con seguridad, manteniéndome justo en el centro de Su presencia mientras me rodea a lo largo del camino. Como una costurera remata con cuidado los bordes deshilachados de una prenda, Dios recoge con esmero todos mis bordes deshilachados y me coloca entre los hilos de Su amor. Su dobladillo es seguro y nunca se deshace, me sostiene cada día de mi vida.

Nada detrás de ti está fuera del poder de redención de Dios, y nada delante de ti lo toma por sorpresa. Él sabe lo que ha sido y lo que está por venir. A veces, solo recordar esa verdad puede aliviar tus preocupaciones y recordarte que descanses en Él.

Puede que no sepas qué hay por delante de ti, pero sabes quién ya ha estado allí. No puedes hacer nada respecto a lo que hay detrás de ti, pero puedes confiar en Aquel que está contigo, que va delante de ti y te sigue, que está obrando todas las cosas para tu bien y para Su gloria.

Vas delante y detrás de mí. Pones tu mano de bendición sobre mi cabeza.

SALMOS 139:5 NTV

INHALA:

Vas delante de mí

EXHALA:

y me sigues.

DIOS TE RENUEVA

Respira hondo y ten claro: *No hay pecado que esté más allá de la voluntad de Dios y de Su poder para perdonar. Él puede purificar lo que el pecado ha manchado, y puede lavar la suciedad del pecado y hacerte más blanco que la nieve.*

Antes de que Adán y Eva pecaran en el Edén, sus cuerpos funcionaban en perfecto equilibrio y disfrutaban de una comunión perfecta con Dios. Sus cuerpos, mentes y corazones estaban completos, sin dolor, confusión ni tristeza. El pecado creó una brecha entre sus almas y el Dios que los creó. Desde entonces, todo cambió. El sufrimiento y la vergüenza, la desconexión y la muerte, todos los desafíos de la mente y el cuerpo que conocemos, se convirtieron en una dolorosa realidad.

Nuestro cuerpo lleva aún los efectos desreguladores y dañinos del pecado, y nuestra mente está profundamente afectada por nuestros propios deseos pecaminosos. Lo más significativo es que el pecado separa nuestras almas de una conexión íntima con Dios, y esto solo amplifica los desafíos que afrontamos. El arrepentimiento es, por lo tanto, un paso crucial para realinear nuestro corazón y nuestra mente con Cristo, y dar la bienvenida a Su consuelo, Su paz y Su guía.

¿Hay algún pecado en tu vida que necesites confesar a Dios y arrepentirte hoy? Hazlo ahora. Él está listo para encontrarte allí donde estás con los brazos abiertos, llenos de perdón y gracia.

Purifícame de mis pecados, y quedaré limpio;
lávame, y quedaré más blanco que la nieve.

SALMOS 51:7 NTV

inhala:

Purifícame de
mis pecados;

exhala:

lávame y seré
más blanco que
la nieve.

PUEDES TENER PAZ EN MEDIO DE LAS OLAS

Respira hondo y ten claro: *Puedes experimentar la paz de Dios incluso en las tormentas más feroces.*

Imagina que tu corazón y tu mente son un bote. Una nave permanece en la superficie por su flotabilidad: el equilibrio entre el peso del bote empujando hacia abajo y la fuerza del agua empujando hacia arriba. En una tormenta, las olas chocan con el bote, y este se mantiene a flote mientras no entre demasiada agua ni se incline demasiado. El bote debe mantener el equilibrio. Un centro de gravedad bajo ayuda a mantener el bote estable, incluso en medio de olas altas y fuertes.

El estrés que experimentas es como las olas que mecen el bote de tu corazón y de tu mente mientras navegas por las aguas de la vida. Y la paz de Dios es como ese centro de gravedad, una fuerza equilibrante y flotante que mantiene tu pequeño bote firme, mientras es sacudido por las olas del miedo, de la ansiedad y de las circunstancias difíciles. Su paz impide que tu bote se llene de demasiada agua, y evita que las olas te hagan volcar.

Puede parecer imposible; un pequeño bote manteniéndose a flote en una tormenta severa. Pero la nave no está firme por el tamaño de las olas, sino por su centro estable. Puedes tener paz en medio de tus mayores tormentas cuando la persona de Cristo está en el centro de tu vida. Pronuncia esta oración hoy e invita a Cristo al centro mismo de tu vida, para que te proteja y te llene de Su paz.

Y la paz de Dios, que sobrepasa todo entendimiento, cuidará sus corazones y sus pensamientos en Cristo Jesús.

FILIPENSES 4:7

inhala:

GUARDA MI CORAZÓN Y MI MENTE

exhala:

CON TU PAZ
INDESCRIPTIBLE.

DIOS TE PROTEGE

Respira hondo y ten claro: *Dios es fiel; te fortalecerá y te protegerá mientras confías en Él.*

La ansiedad es a la vez una condición física que experimentamos, con síntomas en nuestros cuerpos, y una batalla espiritual, con luchas que experimentamos en nuestra mente y nuestra alma. En Efesios 6:12 leemos: «Porque nuestra lucha no es contra seres humanos, sino contra poderes, contra autoridades, contra potestades que dominan este mundo de tinieblas, contra fuerzas espirituales malignas en las regiones celestiales».

Hay un enemigo que quiere mantenerte atado en las cadenas de tu lucha. Y así como necesitamos ser conscientes de nuestros síntomas físicos y cuidar de nuestro cuerpo y nuestra mente en tiempos de ansiedad, también necesitamos ser conscientes del «maligno» que solo desea derribarnos y mantener nuestro espíritu atado por el miedo y la vergüenza.

Por eso practicamos la respiración profunda a la vez que la plegaria en las oraciones del corazón. Cuidamos nuestro cuerpo y nuestra mente a través de la respiración profunda y del cuidado de la salud mental, y nos dirigimos a Cristo para la protección y el cuidado de nuestras almas a través de la oración y del tiempo en la Palabra de Dios.

Pero el Señor es fiel, y él los fortalecerá y los protegerá del maligno.

2 TESALONICENSES 3:3

inhala:

SEÑOR,
TÚ ERES FIEL;

exhala:

PROTÉGEME
DEL MALIGNO.

PUEDES CONFIAR EN DIOS CUANDO NO ENTIENDES ALGO

Respira hondo y ten claro: *Puede que el camino de Dios no siempre tenga sentido para ti, pero puedes confiar en Él sin temor.*

En la raíz de mi miedo hay una falta de confianza en el corazón de Dios. Cuando la historia de mi vida no se está desarrollando según mis expectativas, cuando una temporada de sufrimiento dura más de lo que creo que puedo soportar, cuando las noticias son demasiado malas, las cuentas demasiado altas, las tareas demasiado difíciles y el dolor es demasiado; cuando todo parece perdido y nada parece estar bien, puede ser difícil ver o entender el corazón de Dios. Y es difícil confiar en lo que no entendemos.

Pero Sus caminos no son en absoluto como los nuestros. Siempre sucede más que lo que podemos ver.

Mira a Jesús: la esperanza del mundo nacida en forma de bebé vulnerable, el camino de la salvación forjado a través de un sufrimiento significativo. Lo que parecía ser muerte total y derrota en la cruz, en realidad fue el camino hacia la vida y la salvación definitiva. Lo que parecía el fin, en realidad fue el comienzo de todas las cosas que se estaban renovando.

Entonces, ¿eso tan difícil que no entendemos? ¿Ese dolor que tememos que nos rompa? Puede resultar ser la herramienta para nuestra salvación. La tormenta que amenaza con ahogarnos puede ser en realidad el camino hacia la libertad. Cuando cambiamos nuestra forma de ver nuestro sufrimiento y confiamos en el corazón de Dios, podemos soltar el miedo y llenarnos de paz porque sabemos que Él está obrando, aunque no lo entendamos.

Miren, Dios ha venido a salvarme. Confiaré en él y no tendré temor. El Señor Dios es mi fuerza y mi canción; él me ha dado la victoria.

ISAÍAS 12:2 NTV

inhala:

Tú eres mi salvación.

exhala:

Confiaré en ti
y no tendré miedo.

NADA PUEDE SEPARARTE DEL AMOR DE DIOS

Respira hondo y ten claro: *Al margen de cómo te sientas, puedes confiar en la verdad de que Dios te ama profunda y verdaderamente, y que nada en absoluto puede apartarte de Su amor.*

El amor de Dios es implacable e inagotable, apasionado y persistente, fiel y perdurable.

Incluso cuando seas lo más desagradable, Él aún te ama.

Aun cuando no sientas Su amor, Él sigue amándote, tan fuerte como siempre.

Tus aflicciones no pueden detener Su afecto. Tus problemas no pueden detener Sus promesas. Tus fracasos no pueden detener Su fidelidad. Tus preguntas no pueden detener Su compasión. Tu dolor no puede detener Su plan. Tu caos no puede detener Su misericordia.

Y absolutamente NADA, nada de lo que digas, nada de lo que hagas, nada de lo que sientas, nada en el cielo o en la tierra, ni siquiera la vida o la muerte, puede separarte de Su amor.

Estás a salvo y seguro, y eres plena y completamente amado. Puedes respirar profundamente hoy y dejar que tus preocupaciones se desvanezcan en Sus brazos amorosos. Él te sostiene.

Pues estoy convencido de que ni la muerte ni la vida, ni los ángeles ni los demonios, ni lo presente ni lo por venir, ni los poderes, ni lo alto ni lo profundo, ni cosa alguna en toda la creación podrá apartarnos del amor que Dios nos ha manifestado en Cristo Jesús nuestro SEÑOR.

ROMANOS 8:38-39

INHALA:

Nada puede separarme

EXHALA:

de tu amor.

FUERZA EN TU DEBILIDAD

Respira hondo y ten claro: *Tu debilidad no es un fracaso, sino el terreno fértil para que la fuerza de Dios florezca en tu vida.*

Nuestra cultura no celebra la debilidad. La fuerza, la habilidad y el logro son los objetivos de este mundo. La independencia y la autosuficiencia son las cualidades de gran alabanza. Aquellos que se perciben como débiles son pasados por alto y subestimados. A menudo son ignorados y apartados.

Pero el reino de Dios funciona al revés. Los últimos serán los primeros. Los débiles son fuertes. Los pobres heredarán la tierra.

Tu debilidad es una oportunidad para que la fuerza de Dios brille en tu vida. Su poder obra mejor cuando somos débiles. Si tuviéramos la fuerza para superar nuestro sufrimiento por nuestra cuenta, no necesitaríamos a Dios. Nuestra debilidad es lo que nos lleva a depender de Él, y es ahí donde encontramos la verdadera fuerza.

Así que vuelve a Dios. Libérate de la creencia equivocada de que deberías ser capaz de manejarlo todo por tu cuenta, de que deberías ser lo suficientemente fuerte o valiente para resistir. Dios ya es lo bastante fuerte, y es todo lo que necesitas de verdad.

Cada vez él me dijo: «Mi gracia es todo lo que necesitas; mi poder actúa mejor en la debilidad». Así que ahora me alegra jactarme de mis debilidades, para que el poder de Cristo pueda actuar a través de mí. Es por esto que me deleito en mis debilidades, y en los insultos, en privaciones, persecuciones y dificultades que sufro por Cristo. Pues, cuando soy débil, entonces soy fuerte.

2 CORINTIOS 12:9–10 NTV

inhala:

TU GRACIA ES TODO
LO QUE NECESITO;

exhala:

TU PODER OBRA MEJOR
EN MI DEBILIDAD.

inhala:

CUANDO SOY DÉBIL,

exhala:

ENTONCES SOY FUERTE.

DIOS PUEDE MANEJAR TUS DUDAS

Respira hondo y ten claro: *Dios puede gestionar tus dudas. Puede cambiar las olas de incredulidad en tu alma.*

La confianza y la duda son olas opuestas que parecen sacudir constantemente el barco de mi alma, sobre todo en las tormentas más oscuras, cuando es difícil ver a través de la lluvia y de los vientos golpeadores.

Estoy vapuleada entre lo que digo que creo y lo que siento cuando tengo miedo. El miedo me hace dudar de la bondad de Dios. La ansiedad me hace cuestionar Su amor. Un momento afirmo creer en Él, confío en Él y quiero seguirlo, y al siguiente algo difícil me derrumba y me pregunto si de verdad está allí como pensaba.

Esta oración es una que elevo con frecuencia: «Creo; ayúdame en mi incredulidad». Tengo fe, pero también tengo miedo. Recuerdo lo que dice Su Palabra, pero también lucho con lo que siento.

¿Alguna vez te sientes así? ¿Como si lo que crees y lo que sientes no encajaran del todo? Hoy, tomemos un minuto para recordarle a nuestra alma lo que creemos y pedirle a Dios que llene los vacíos de nuestra incredulidad con Su asombrosa gracia.

Al instante el padre del muchacho gritó y dijo: «Creo; ayúdame en mi incredulidad».

MARCOS 9:24 LBLA

inhala:

Señor, creo;

exhala:

ayuda a mi incredulidad.

DIOS TE GUÍA

Respira hondo y ten claro: *Tu futuro no es una sorpresa para Dios. Él ya ha ido delante de ti y sabe lo que tienes por delante. Puedes confiar en Él para que te guíe.*

¿Tu ansiedad alguna vez está arraigada en el miedo al futuro? ¿Te preocupas por las decisiones que tienes que tomar o sientes inseguridad respecto al camino a seguir? Tal vez te preocupes por:

- a qué universidad asistir
- qué trabajo solicitar
- a qué ciudad mudarte
- en qué relación invertir
- qué casa comprar
- qué tipo de educación es mejor para tus hijos

Estas y otras muchas elecciones pueden llenar nuestra mente de ansiedad y desajustar nuestro cuerpo mientras nos preocupamos por la posibilidad de tomar la decisión equivocada.

Esta oración te lleva a volver tu corazón hacia Dios y te recuerda que debes acudir a Él en busca de dirección. Cuanto más alineamos nuestras almas con Cristo, en mayor sintonía estaremos con la paz que proviene de seguirle, y más reconoceremos si los pasos que estamos dando están en línea con Su voluntad para nuestra vida. Pídele ayuda hoy y sigue volviendo a Él mientras avanzas en fe.

Muéstrame la senda correcta, oh Señor;
señálame el camino que debo seguir.

SALMOS 25:4 NTV

inhala:

MUÉSTRAME EL CAMINO CORRECTO;

exhala:

SEÑÁLAME LA SENDA
QUE DEBO SEGUIR.

DIOS CUMPLE SUS PROMESAS

Respira hondo y ten claro: *Tienes una esperanza que no puede ser conmovida porque siempre se puede confiar en que Dios cumplirá Sus promesas.*

Mi papá me enseñó una definición de esperanza que aprendió hace más de cuarenta años del hombre que lo condujo a Jesús y lo formó como joven cristiano, el Dr. I. Cecil Beach: «La esperanza es aguardar a que se cumplan las promesas de Dios».

Me encanta esa definición y la imagen más amplia que pinta de la esperanza. Con demasiada frecuencia, la esperanza a la que nos aferramos es la esperanza de un resultado deseado o un final feliz, de que las cosas salgan como queremos, y acabamos decepcionados cuando esas cosas no suceden o no van como habíamos «esperado». Pero la verdadera esperanza no está arraigada en lo que creemos que es «bueno»; está arraigada en *Aquel que es bueno*.

Podemos aferrarnos a este tipo de esperanza eterna e inmutable sin vacilar, porque Dios mismo nunca vacila. Dios siempre cumplirá Sus promesas, por lo que siempre podemos tener esperanza mientras esperamos en Él.

Mantengámonos firmes sin titubear en la esperanza que afirmamos, porque se puede confiar en que Dios cumplirá su promesa.

HEBREOS 10:23 NTV

INHALA:

Me aferro a mi esperanza en ti;

EXHALA:

se puede confiar en que cumples tu promesa.

DIOS TE AMA

Respira hondo y ten claro: *Dios es bueno y te ama.*

La bondad y el amor de Dios por ti nunca terminan, nunca vacilan, nunca cambian. Su amor es fiel y para siempre. Nada de lo que hagas puede hacer que Dios te ame más de lo que ya lo hace, y nada de lo que hagas puede hacer que te ame menos. Él te ama completa y absolutamente, justo donde estás.

Claro, puede haber días en los que te sientas separado de Su amor, y que dudes de la profundidad de Su amor porque no siempre lo experimentas de la manera en que tu alma anhela. El pecado y el sufrimiento tienen esa manera de desconectarnos de experimentar la profundidad plena del amor de Dios. Pero a través de la oración, incluso esta simple oración de respiración, tu alma se volverá hacia Dios y te recordará que Él te ama profundamente, que está contigo y que no te ha abandonado, sin importar lo que tus sentimientos intenten decirte.

Concédele atención a Su bondad y busca todas las maneras en que Él muestra Su amor por ti hoy. Suelta tu miedo y abraza Su amor.

¡Aleluya! Den gracias al Señor *porque él es bueno; su gran amor perdura para siempre.*

SALMOS 106:1

inhala:

Señor,
Tú eres bueno;

exhala:

tu amor
perdura por
siempre.

PUEDES TENER TRANQUILIDAD

Respira hondo y ten claro: *Puedes acallar la prisa y estar en calma porque Dios es Dios, y esta vida que Él te dio es un regalo. Detente y disfrútala hoy.*

Es muy fácil dejarse llevar por el ritmo del mundo que nos rodea, corriendo hacia el siguiente lugar sin tiempo para hacer una pausa y respirar. Nos mantenemos ocupados y bastante distraídos con actividades, planes, compromisos y agendas llenas. Llenamos nuestros calendarios y sobrecargamos nuestras listas de tareas con cosas que parecen no acabar nunca. El ritmo de todo esto puede marearnos, y hacernos sentir desorientados por el giro de esta vida, por el ciclo de días sin tiempo real para descansar.

Hoy te invito a que te detengas y estés quieto. Toma aunque sea solo cinco minutos para detenerlo todo, calmar tu cuerpo y tu mente, respirar profundamente y enfocarte en una verdad:

Dios es Dios. Tú no eres Dios. Yo no soy Dios. Dios es el único Dios. Y Él tiene el control.

El mundo no se detendrá si desaceleramos. Como dice Ann Voskamp: «La vida no es una emergencia... La vida es un regalo».[16] Cada día de esta vida es un regalo del que nos hizo, nos ama y quiere mucho más para nosotros que una vida de constante prisa. Quédate quieto hoy y ten claro que Él es Dios.

¡Quédense quietos y sepan que yo soy Dios!

SALMOS 46:10 NTV

inhala:

Tranquiliza mi alma;

exhala:

Tú eres Dios.

CAMBIA TU PREOCUPACIÓN POR PAZ

Respira hondo y ten claro: *Cuando acudas a Dios con tus cargas, Él puede cambiar tu agotamiento por descanso y tu preocupación por paz.*

¿Cómo estás descansando estos días? ¿Te está robando la ansiedad el verdadero descanso y la renovación?

No siempre podemos controlar qué tipo de dificultades entran en nuestras vidas, cuánto durarán o lo difíciles que se volverán. Y eso, el no saber, puede causar mucha ansiedad. Puede ser casi imposible descansar de verdad cuando tu mente está llena de preocupaciones y temores.

Pero Dios sí tiene el control. Él conoce tu sufrimiento y cada detalle de cuánto durará y de lo difícil que será. Y Él invita: «Ven a mí». Nos dice que le entreguemos nuestras cargas y Él nos dará descanso, incluso en medio de lo desconocido. Porque, aunque lo desconocido puede causar ansiedad e intranquilidad, al estar en paz con lo desconocido y confiar en Dios, en Aquel para quien nada es desconocido, es cuando puedes encontrar de verdad la paz y el descanso que tu alma tanto necesita.

Inhala Su descanso y exhala tus cargas hoy. No tienes que cargar con el peso de tratar de controlarlo todo o de saberlo todo, porque estás a salvo con Aquel que ya lo sabe.

Luego dijo Jesús: «Vengan a mí todos los que están cansados y llevan cargas pesadas, y yo les daré descanso».

MATEO 11:28 NTV

inhala:

TE ENTREGO TODAS
MIS CARGAS,

exhala:

Y TÚ ME DARÁS
DESCANSO.

PUEDES VOLVER TU MIRADA HACIA DIOS

Respira hondo y ten claro: *Independientemente de lo mucho que te hayas alejado o de cuán distraído hayas estado, Dios está aquí para guiarte de regreso a Sus caminos.*

Como en un río, siempre hay una corriente fluyendo en nuestras vidas. Si no prestamos atención, nos dejaremos llevar por la corriente de este mundo: la cultura, la prisa, el consumismo, las búsquedas vacías, y nos desviaremos de maneras que nunca habríamos planeado. Antes de darnos cuenta, habremos perdido todo sentido de dirección y propósito, sin certeza de las verdades que antes veíamos con tanta claridad.

La oración es como un timón que nos ayuda a navegar la corriente y mantenernos lejos de los remolinos y rápidos, lejos de lo que la Biblia llama «cosas vanas» que pueden arrastrarnos, distraernos de nuestro propósito y llenarnos de ansiedad.

Y así seguimos orando. Seguimos volviendo nuestros ojos hacia Cristo porque la corriente del mundo nunca deja de intentar apartarnos y desviar nuestra atención hacia otras cosas.

Hoy, pídele a Dios que aleje tus ojos de aquellas cosas que no son dignas de tu atención, cosas que no son eternas, que no durarán, que te desvían del camino, que te llenan de miedo, y pídele que te ayude a poner tu mirada en Él y en Sus caminos.

Aparta mis ojos de mirar la vanidad,
y vivifícame en tus caminos.

SALMOS 119:37 LBLA

INHALA:

Aparta mis ojos de las cosas vanas;

EXHALA:

vivifícame en tus caminos.

DIOS TE CUBRE

Respira hondo y ten claro: *Dios te está cubriendo hoy bajo Sus alas de fiel amor.*

A primera vista, las plumas no parecen ser de tanta protección. Parecen suaves y bastante frágiles. Pero las plumas de un ave están diseñadas de manera extraordinaria tanto para consolar como para proteger.

Las alas constan de una parte blanda y de otra mullida. La primera actúa como una especie de chubasquero para proteger contra viento y lluvia, y la segunda, la de abajo, aísla y mantiene caliente al ave. Los polluelos no han desarrollado por completo sus plumas, de modo que requieren de la protección de las alas de un progenitor para mantenerlos seguros y calientes en las tormentas y el frío de la noche.

Si has observado alguna vez a un ave cubriendo a sus pequeños con sus alas, habrás visto que pueden sentarse inamovibles durante horas, el tiempo que haga falta, mientras dura la tormenta, mientras sus bebés necesiten protección. Nada distrae ni disuade al ave. No se mueve, es firme, constante y está fija en su lugar.

Del mismo modo, el fiel amor de Dios y Sus promesas nunca fluctúan, siempre son veraces. Estás resguardado y protegido, a salvo y calentito, bajo las alas de tu Padre.

Con sus plumas te cubrirá y con sus alas te dará refugio.
Sus fieles promesas son tu armadura y tu protección.

SALMOS 91:4 NTV

inhala:
CÚBREME CON TUS PLUMAS,
exhala:
REFÚGIAME CON TUS ALAS;
inhala:
TUS FIELES PROMESAS
exhala:
SON MI ESCUDO Y PROTECCIÓN.

NO TIENES POR QUÉ TEMER

Respira hondo y ten claro: *Dios puede ayudarte a sustituir el temor por poder, amor y autocontrol al acudir a Él y confiar en Él con tu vida.*

¿Alguna vez te has sentido fuera de control cuando tienes miedo o cuando estás bajo mucho estrés? Hay una razón fisiológica para que eso suceda. Cuando tu sistema nervioso percibe peligro, la amígdala (a veces llamada el cerebro emocional) toma el control y literalmente omite el lóbulo frontal (a veces llamado el cerebro lógico) con el fin de preparar tu cuerpo para luchar, huir o paralizarse, en un proceso que el psicólogo Daniel Goleman denominó por primera vez «secuestro de la amígdala».[17] Tu cuerpo reacciona automáticamente, sin pensamiento intencional, y el resultado puede ser que te sientas como si no tuvieras control sobre tus reacciones o comportamientos en ese momento.

El sistema límbico funciona bien cuando te enfrentas a una amenaza real, como un ataque de oso, por ejemplo, pero no es tan útil cuando el «peligro» no es más que una situación estresante. Estos son los momentos cuando las oraciones del corazón, sobre todo cuando se practican regularmente, pueden ser muy útiles. Al ralentizar tu respiración le estás diciendo a tu sistema nervioso que no hay nada que temer, y esto permite que tu amígdala se calme un poco y deja que tu cerebro lógico comience a funcionar de nuevo.

Pronuncia las palabras de esta oración y reemplaza los sentimientos de miedo con palabras de verdad.

Pues Dios no nos ha dado un espíritu de timidez, sino de poder, de amor y de dominio propio.

2 TIMOTEO 1:7

inhala:

TÚ NO DAS UN
ESPÍRITU DE TEMOR,

exhala:

SINO DE PODER,
AMOR Y DOMINIO
PROPIO.

DIOS CONOCE LOS ANHELOS DE TU CORAZÓN

Respira hondo y ten claro: *Dios conoce tu corazón, y está al tanto de tus anhelos más profundos.*

¿Qué anhelas hoy? Tal vez sea algo que nunca has dicho en voz alta, un deseo profundo en tu corazón que nunca has compartido con otra alma. Dios ve tu corazón y ya lo sabe. Antes de que pronuncies una sola palabra en oración, Dios ya conoce cada anhelo en tu corazón. Nada lo sorprende. Incluso cuando no sabemos cómo articular estos deseos, cuando no sabemos cómo ni por qué orar, «el Espíritu Santo ora por nosotros con gemidos que no pueden expresarse con palabras. Y el Padre, quien conoce cada corazón, sabe lo que el Espíritu dice, porque el Espíritu intercede por nosotros, los creyentes, en armonía con la voluntad de Dios» (Romanos 8:26-27, NTV).

Sigue adelante y habla de verdad con Dios hoy; entrégale tus anhelos y ten por seguro que Él te ama y te sostiene hoy con ternura.

Señor, *tú sabes lo que anhelo; oyes todos mis suspiros.*

SALMOS 38:9 NTV

inhala:

Tú sabes lo que yo anhelo;

exhala:

Tú oyes cada suspiro mío.

DIOS DA COSAS BUENAS

Respira hondo y ten claro: *Dios es bueno. Está contigo y te rodea de Su amor.*

Si sientes mucha ansiedad en este momento, puede ser difícil creer realmente en las palabras de la oración de hoy. Cuando tu mente está llena de miedo y tu cuerpo está sintiendo los efectos físicos muy reales de la ansiedad, puede parecer imposible ver más allá de las cosas que te preocupan y enfocarte en la profunda realidad del amor de Dios y la tierna misericordia con que te rodea.

Tómate unos minutos hoy para enumerar algunas de las cosas buenas en tu vida. ¿Por qué estás agradecido? Comienza mencionando solo una cosa. Luego intenta con dos, y luego tres. Incluso los pequeños momentos de gratitud tienen una forma poderosa de reconectarnos con la bondad de Dios que nos circunda.

Las cosas difíciles y aterradoras pueden seguir ahí, pero también lo está Dios. Y Su bondad atraviesa incluso la oscuridad más profunda.

Me redime de la muerte y me corona de amor y tiernas misericordias. Colma mi vida de cosas buenas; ¡mi juventud se renueva como la del águila!

SALMOS 103:4–5 NTV

INHALA:

Tú me rodeas de amor y misericordia;

EXHALA:

llenas mi vida de cosas buenas.

PUEDES LUCHAR CONTRA LAS DUDAS CON LA VERDAD

Respira hondo y ten claro: *Luchas contra las dudas cuando le recuerdas la verdad a tu alma: el Señor es Dios; Él te hizo y le perteneces.*

Hablarle a tu alma con la verdad ayuda a ahuyentar las dudas.

- ¿Dudas de tu valor? Recuérdale a tu alma que Dios te creó y te adora (Salmos 139:13; Sofonías 3:17).
- ¿Dudas del lugar al que perteneces? Recuérdale a tu alma que le perteneces y siempre le pertenecerás a Él y estarás con Él (Salmos 100:3; Gálatas 2:20).
- ¿Dudas del propósito en toda esta lucha? Recuérdale a tu alma que el Señor es Dios, y tú no. Él sabe, ve y nunca deja de trabajar (Salmos 86:10; 46:10).
- ¿Dudas de tu capacidad para hacer esto tan difícil? Recuérdale a tu alma que no estás solo. Dios está contigo y te da fuerza (Salmos 46:1, Filipenses 4:13).
- ¿Dudas de que Él te ama? Recuérdale a tu alma que Él es tu pastor y que te cuida más profundamente de lo que puedes imaginar (Salmos 23:1; Juan 10:11).

¿Qué verdad puedes decirles hoy a tus dudas?

Reconozcan que el Señor es Dios; él nos hizo y somos suyos. Somos su pueblo, ovejas de su prado.

SALMOS 100:3

inhala:

Señor, sé que
Tú eres Dios;

exhala:

Tú me hiciste y
te pertenezco.

DIOS SIEMPRE ESTÁ CONTIGO

Respira hondo y ten claro: *No tienes por qué temer porque Dios siempre está contigo.*

Dios no se sienta en la cima de la montaña y espera a encontrarse contigo después de que hayas realizado la agotadora escalada, saliendo de tu valle de sufrimiento. No se encuentra solo *al otro lado* del oscuro valle, donde el sol brilla y las sombras quedan muy atrás. Dios está justo allí, en el valle, contigo, justo allí en las profundidades más recónditas de tu miedo, sin importar lo oscuro que se ponga. Cualquiera que sea tu momento presente ahora mismo, Él está contigo.

La oración no promete un camino inmediato fuera del valle del sufrimiento. Pero lo que la oración puede hacer es sintonizar tu alma con la Presencia de Dios. El Salmo 23:4 no dice «*si* yo paso por el valle más oscuro», sino «*cuando* yo pase por el valle más oscuro» (NTV). Los valles llegarán. La oscuridad se cruzará en nuestro camino. Pero Dios promete que Él está *con* nosotros en todo momento, caminando junto a nosotros en el viaje.

Mientras oras hoy, extiende tu mano a través de tu oscuridad y busca la Suya. Él está justo allí, caminando a tu lado, y nunca se apartará de ti.

Aun cuando yo pase por el valle más oscuro,
no temeré, porque tú estás a mi lado.
Tu vara y tu cayado me protegen y me confortan.

SALMOS 23:4 NTV

inhala:

NO TEMERÉ,

exhala:

PORQUE TÚ ESTÁS CONMIGO.

DIOS SE REGOCIJA EN TI

Respira hondo y ten claro: *La profundidad del amor y del gozo de Dios hacia ti es incomparable. Él se regocija hoy en ti.*

¿Crees que Dios te sostiene cuando sientes cansancio? ¿Confías en que Él te ama cuando tienes miedo? ¿Crees con confianza que Él te abraza cuando estás roto?

Hoy, vuelve tu corazón a estas verdades:

Dios es tu guerrero y tu protector, te da refugio y lucha por ti.

Él también es un pastor tierno cuya presencia nunca se aparta, sosteniéndote con ternura cuando estás herido, calmando tus miedos y tranquilizándote con Su amor.

Él te canta como una madre le canta a su hijo. Te ama con una compasión y ternura incomparables. Deja que Su amor calme tus miedos hoy. Eres profundamente amado.

Pues el SEÑOR *tu Dios vive en medio de ti.*
Él es un poderoso salvador.
Se deleitará en ti con alegría.
Con su amor calmará todos tus temores.
Se gozará por ti con cantos de alegría.

SOFONÍAS 3:17 NTV

inhala:

CON TU AMOR,

exhala:

CALMAS TODOS MIS TEMORES;

inhala:

TE REGOCIJAS EN MÍ

exhala:

CON CÁNTICOS DE REGOCIJO.

DIOS TE GUARDA EN PAZ

Respira hondo y ten claro: *La paz no se encuentra negando la oscuridad o escondiendo tus sentimientos, sino volviendo tus pensamientos a Cristo, independientemente de tus circunstancias o tus emociones.*

Todos sentimos emociones. El miedo, la vergüenza, la tristeza, el duelo, el pánico, la soledad, la ira y la alegría son parte de la experiencia humana. Y está bien sentir tus sentimientos. Son parte de cómo Dios nos hizo. Experimentar emociones no es el problema. Es cómo respondemos a nuestras emociones lo que puede causarnos dificultades. Pero ¿cómo cambiamos nuestra respuesta a nuestras emociones? Modificando cómo enfocamos nuestros pensamientos, sin importar cómo nos sintamos.

Las emociones intensas como la ansiedad tienden a hacer que nos enfoquemos en nosotros mismos y en la incomodidad que nuestras emociones están causando. Recuerda a Pedro, caminando sobre el agua hacia Jesús (Mateo 14:28–30). Cuando apartó los ojos del Maestro y se concentró en las olas, comenzó a hundirse. De manera similar, cuando nuestra atención se centra en nuestras emociones y en el tamaño de las olas de preocupación que estamos sintiendo, podemos perder rápidamente la paz y sentir que nos estamos ahogando. Pero si fijamos nuestra mirada en Cristo y en Su amor por nosotros, tendremos una mejor perspectiva mientras trabajamos a través de nuestros sentimientos, y podremos comenzar a responder a nuestras emociones de una manera que nos acerque más a Él.

Mantén tus pensamientos en Él hoy, y podrás experimentar paz, sin importar las olas que te rodeen.

¡Tú guardarás en perfecta paz a todos los que confían en ti, a todos los que concentran en ti sus pensamientos!

ISAÍAS 26:3 NTV

INHALA:

Guárdame en perfecta paz

EXHALA:

mientras mantengo mis pensamientos en ti.

TODAS LAS COSAS ESTÁN OBRANDO JUNTAS

Respira hondo y ten claro: *Está ocurriendo más de lo que puedes ver. Vivir por fe significa confiar en que todas las piezas obran juntas, incluso si aún no puedes ver la imagen panorámica.*

No podemos ver todas las maneras en que Dios está trabajando en nuestras vidas. A veces podemos sentirnos olvidados, solos o asustados. Pero la verdad es que nunca estamos solos y Dios nunca deja de trabajar. Él nunca nos abandona.

No sabemos cómo todos los días, todas las pruebas, todos los momentos desordenados e imperfectos están trabajando en conjunto. Este día, esta temporada, esta lucha son pequeñas piezas de un cuadro mucho más grande. Como las piezas de un rompecabezas, tendemos a enfocarnos en esta pequeña pieza que tenemos en la mano ahora mismo, la analizamos tratando de remodelarla o cambiarla para forzarla a encajar o a tener sentido. Pero cuando nos limitamos a mirar esa pieza, perdemos de vista el hermoso cuadro. La pequeña pieza por sí sola no tiene mucho sentido, pero a medida que se encaja con las demás, emerge una imagen buena y hermosa.

Confía en Dios con las piezas de tu vida y ten fe en que Él las está reuniendo en un hermoso cuadro de Su gracia.

Vivimos por fe, no por vista.

2 CORINTIOS 5:7

inhala:

Ayúdame a vivir por fe

exhala:

y no por vista.

DIOS PUEDE LLENARTE DE GOZO

Respira hondo y ten claro: *Dios es la fuente de esperanza, y puede llenarte de gozo y paz mientras confías en Él.*

¿Qué te llena hoy? ¿El miedo o la ansiedad están llenando tu mente y tu corazón? ¿O estás lleno de alegría y paz?

Estoy bastante segura de que todos elegiríamos estar llenos de alegría y paz en lugar de miedo y ansiedad, pero a menudo parece imposible hacer ese cambio por nuestra cuenta. Y, honestamente, es imposible. La fuerza de voluntad por sí sola no basta para liberar el miedo y llenarnos de alegría. No siempre podemos forzarnos a dejar de sentir ansiedad y llenarnos de paz, porque a menudo la ansiedad es a la vez una condición física de salud y mental. Los ejercicios de respiración pueden ayudar a calmar el cuerpo y aliviar algunos de los efectos físicos del miedo y la ansiedad, pero solo con respirar no nos llenamos de alegría y paz ni obtenemos una esperanza confiada. Solo Dios puede hacer eso.

Así que respira profundamente. Agradécele a Dios por las herramientas para abordar tu ansiedad. Y pídele que te encuentre allí y traiga alegría y paz a tu corazón hoy.

Le pido a Dios, fuente de esperanza, que los llene completamente de alegría y paz, porque confían en él. Entonces rebosarán de una esperanza segura mediante el poder del Espíritu Santo.

ROMANOS 15:13 NTV

inhala:

DIOS DE ESPERANZA,
CONFÍO EN TI;

exhala:

LLÉNAME DE GOZO
Y PAZ.

DIOS TE RESCATA

Respira hondo y ten claro: *Dios ya sabe dónde estás hoy y cómo has llegado aquí. Ve tu sufrimiento y sabe con exactitud lo que necesitas.*

En el jardín, después de que Adán y Eva pecaron, se escondieron de Dios por miedo y vergüenza, y Él les preguntó: «¿Dónde están?». Dios no hizo esta pregunta porque no supiera ya dónde estaban o qué habían hecho. No la hizo por Su propio bien, sino por el de ellos. Y Él nos hace esa misma pregunta a nosotros, incluso ahora.

¿Dónde estás? ¿Cómo estás en realidad?

¿Has prestado atención últimamente a tu realidad física y espiritual? ¿Cómo está tu cuerpo? ¿Hay algún síntoma que te esté pidiendo que te detengas y pongas atención? ¿Cómo está tu alma y tu relación con Dios? ¿Necesitas confesar algo? ¿Algo está causando desregulación en tu cuerpo o en tu alma?

¿Dónde estás hoy?

Dios ya lo sabe. Y sabe cómo ayudarte, cómo rescatarte. ¿Confías en Él lo suficiente como para salir de tu escondite y dejar que Él te cuide? Deposita tus cargas en Él hoy, y deja que Él te cubra con Su amor.

Mira mi sufrimiento y rescátame,
porque no me he olvidado de tus enseñanzas.

SALMOS 119:153 NTV

inhala:

Tú ves mi sufrimiento.

exhala:

Rescátame.

DIOS TE CONOCE

Respira hondo y ten claro: *El anhelo más profundo de tu alma, conocer a Dios y que Él te conozca, se cumple por medio de Cristo.*

Fuimos creados para una relación con Dios, para conocerlo y ser conocidos por Él. Esta relación es la que lo cambia todo. Es la que insufla nueva vida en nuestra alma, la que nos da verdadera paz, la que provoca que Él haga nuevas todas las cosas en nuestra vida.

Cuando vamos a Dios a través de la fe en Jesús, nos reconectamos con Aquel que nos creó y nos ama, Aquel que extendió Sus manos atravesadas por los clavos para salvarnos, para cerrar la brecha entre el cielo y la tierra y sanar lo que estaba roto en nuestra relación con Él. A medida que experimentamos el amor de Cristo en la salvación, nuestra alma anhela más y más de Él. Cristo es nuestra agua viva, la fuente de la verdadera vida y paz. Él nos sostiene y nos refresca.

Cuando sientes temor o ansiedad, tu mente puede estar tan desesperada por alivio que olvidas dónde encontrar lo que verdaderamente necesitas. Eleva esta oración mientras diriges tu alma hacia su anhelo más verdadero y profundo: Dios mismo.

Como el ciervo anhela las corrientes de las aguas,
así te anhelo a ti, oh Dios.

SALMOS 42:1 NTV

inhala:

COMO EL CIERVO ANHELA
EL AGUA,

exhala:

ASÍ TE ANHELO YO A TI,
OH DIOS.

DIOS TIENE UN PLAN PARA TI

Respira hondo y ten claro: *Dios tiene un plan para ti. Puedes confiar en Él.*

Cada día tengo una elección:

- Puedo confiar en mis propios planes, o confiar en Sus promesas.
- Puedo apoyarme en mis propios sentimientos, o en Su fidelidad.
- Puedo caminar por mi propio camino, o seguirle a Él y caminar en Su senda.
- Puedo preocuparme sobre cómo se desarrollará el futuro, o descansar en Aquel que está desarrollando el futuro.
- Puedo aferrarme a mis planes o rendirlos, y simplemente tomar Su mano y confiar en que Sus planes son mucho mejores que los míos.

No sé lo que me deparan los días venideros. Pero Dios lo sabe. Y Él dice que Sus planes para mí son buenos y están llenos de esperanza.

Al orar las palabras de esta oración del corazón, ¿realmente crees lo que dicen? ¿Cómo se sentiría vivir como si Dios tuviera un plan para ti, como si de verdad confiaras en la esperanza y en el futuro que Él tiene para ti?

Porque yo conozco los planes que tengo para ustedes —afirma el Señor—, planes de bienestar y no de calamidad, a fin de darles un futuro y una esperanza.

JEREMÍAS 29:11

INHALA:

Confío en los planes que tienes para mí;

EXHALA:

me das esperanza y un futuro.

PUEDES TRANSFORMAR TUS PENSAMIENTOS

Respira hondo y ten claro: *Puedes renovar tu mente entrenando tus pensamientos para enfocarte en las cosas de Dios.*

Tal vez hayas oído el dicho: «En la dirección que mires, irás». La idea es que donde pongas tu enfoque determinará tu dirección.

Lo que piensas importa. Donde enfoques tu mente no solo influirá en tus decisiones y dirección, sino que también puede afectar tu cerebro y tu sistema nervioso. Repetir una acción una y otra vez es como el cerebro hace conexiones más fuertes. Por eso puede ser difícil romper los patrones de pensamiento negativos o las respuestas automáticas en tiempos de estrés. Pero también es por esto que podemos tener esperanza, porque redirigir tus patrones de pensamiento realmente puede cambiar tu cerebro. De una manera bastante milagrosa, a medida que alejas tus pensamientos del pecado, la preocupación o el miedo y te enfocas intencionalmente en lo que es verdadero, noble y digno de alabanza, tu cerebro puede crear de verdad nuevas vías neuronales. Cuanto más repitas la misma acción, cuanto más practiques el dirigir tus pensamientos, más profundas se volverán esas vías neuronales.

Cuando comiences a sentir los síntomas de la ansiedad en tu cuerpo, úsalo como una señal para dirigir tus pensamientos a algo verdadero. Cuando sientas que el miedo se cuela en tu día, dirige tus pensamientos a lo amable. Cuando el pecado te tiente, redirige tus pensamientos a lo que es justo y puro. Entrena tu cerebro para dirigir tus pensamientos a las cosas de Dios. Cuanto más lo hagas, más fácil será. De esta manera, participas en el trabajo de reconfigurar tu cerebro y ser «transformado mediante la renovación de tu mente» (Romanos 12:2).

Y ahora, amados hermanos, una cosa más para terminar.
Concéntrense en todo lo que es verdadero, todo lo honorable,
todo lo justo, todo lo puro, todo lo bello y todo lo admirable.
Piensen en cosas excelentes y dignas de alabanza.

FILIPENSES 4:8 NTV

inhala:

Señor, dirige mis pensamientos

exhala:

a lo que es ____________

elige una (o más) cosas en la que centrarte en oración:

verdadero, honorable, justo, puro, bello, admirable, excelente, digno de alabanza

PUEDES CONFIAR EN DIOS EN MEDIO DEL SUFRIMIENTO

Respira hondo y ten claro: *Puedes confiar en Dios, incluso en tu sufrimiento.*

¿Estás sufriendo de alguna manera hoy? ¿Algún dolor, daño o enfermedad que quieras que Dios sane? Oramos por sanidad, porque Dios es el gran Sanador, y oramos pidiendo milagros porque Dios es el Dios de los milagros, y es bueno orar por esas cosas.

Pero a veces el dolor no sana de este lado de la eternidad. A veces el dolor persiste, el sufrimiento es largo y la lucha sigue. Aquellos que viven con dolor crónico o con problemas de salud mental lo saben bien. Eso no significa que Dios no haya escuchado nuestras oraciones o que no tengamos suficiente fe.

La verdad es que Dios no siempre aparta la copa del sufrimiento. No la retiró tan siquiera de Su propio Hijo perfecto y amado. Y aunque no entendamos del todo Sus caminos o Su voluntad, siempre podemos confiar en Su corazón y descansar en Su sabiduría.

Orar para que se haga la voluntad de Dios, como Tim Keller escribió, «es decir: "Esto es lo que necesito, pero Tú sabes lo que es mejor". Es dejar todas nuestras necesidades y nuestros deseos en Sus manos de una manera que solo es posible a través de la oración. Esa transacción trae un consuelo y un descanso que nada más puede traer».[18]

Padre, si quieres, te pido que quites esta copa de sufrimiento de mí. Sin embargo, quiero que se haga tu voluntad, no la mía.

LUCAS 22:42 NTV

inhala:

PADRE, SI TÚ QUIERES

exhala:

APARTA ESTE
SUFRIMIENTO DE MÍ,

inhala:

PERO NO SE HAGA
MI VOLUNTAD

exhala:

SINO LA TUYA.

LA MISERICORDIA DE DIOS TE SIGUE

Respira hondo y ten claro: *Sea lo que sea que te espere, la misericordia y la bondad de Dios te siguen, te dan caza, siempre van detrás de ti, todos los días de tu vida.*

Si alguna vez has atravesado días oscuros y difíciles, sabes que parecen arrastrarse interminablemente. Cuando estás en medio de tiempos duros, a veces es difícil recordar que esos días no durarán para siempre, recordar que la bondad y las tiernas misericordias siempre están por venir. La verdad es que, incluso cuando no puedes verlo o sentirlo, la misericordia de Dios te sigue, te rodea, todos los días de tu vida. Puedes estar seguro de que gracia sobre gracia se derramará sobre estos días oscuros y arduos hasta que algo nuevo atraviese la dura tierra de este sufrimiento actual, y la luz inunde los lugares oscuros y ahuyente las sombras aterradoras, hasta que lo único que puedas ver sea Su bondad y Su misericordia llenando tus días.

Entonces, ¿cómo ves Su bondad cuando es difícil ver algo bueno? La buscas. Notas las pequeñas formas en las que la gracia y la misericordia de Dios están llenando tus días. Esa sonrisa de un amigo, esa manta suave sobre tu piel, esa taza caliente de café o esa pequeña flor en tu camino. Busca la bondad de Dios hoy. Enfócate en Su misericordia. Nunca está muy lejos.

Ciertamente el bien y la misericordia me
seguirán todos los días de mi vida,
y en la casa del Señor moraré por largos días.

SALMOS 23:6 LBLA

INHALA:

Tu bondad y tu misericordia me siguen

EXHALA:

todos los días de mi vida.

DIOS AFIRMA TUS PASOS

Respira hondo y ten claro: *el pecado nos hace tropezar, pero Dios puede afirmar tus pasos.*

Por culpa de la caída, nacemos con una inclinación natural hacia el pecado. En lugar de caminar de manera recta y firme a través de la vida, caminamos con una inclinación que nos hace tropezar, caernos y tropezar con nuestros propios pies, provocando a menudo que nos desviemos de la senda que Dios tenía para nosotros, y antes de percatarnos, nos encontramos perdidos en un bosque de miedo y vergüenza.

La oración ayuda a enderezar nuestra inclinación errante al acercarnos a Dios y redirigir nuestra alma hacia el camino de Su amor y perdón. Cuando nos acercamos a Dios en oración, Él estabiliza nuestros pasos mientras invitamos a Cristo a perdonar nuestro pecado y guiarnos de vuelta a Sus caminos perfectos. La inclinación caída que antes nos alejaba de Dios se transforma ahora en una tendencia rendida a Él. Al apoyarnos en Cristo y en Sus promesas, podemos confiar en que Él nos mantendrá firmes y nos evitará caer.

¿Sientes que estás tropezando un poco hoy? Dirígete hacia Dios y confía en Sus promesas para estabilizar tus pasos.

Guía mis pasos conforme a tu promesa;
no permitas que ninguna iniquidad me domine.

SALMOS 119:133

inhala:

GUÍA MIS PASOS A TRAVÉS DE TU PROMESA;

exhala:

NO DEJES QUE EL PECADO GOBIERNE SOBRE MÍ.

DIOS ES DIOS

Respira hondo y ten claro: *Dios maneja todas las incertidumbres. No hay mejores manos en las que confiar tu futuro.*

A veces solo necesito recordar esta simple verdad: Dios es Dios, y yo no.

¡Oh, cómo me gusta intentar controlar cada detalle en mi vida! Planeo, organizo horarios y listas para todo. Anticipo lo que podría suceder y luego ensayo cómo reaccionaré. Trato de orquestar mis días para que haya el mínimo riesgo de estrés y ansiedad. Pero en el fondo sé que cualquier control que crea tener es solo una ilusión. Aunque uso el control para intentar manejar mi ansiedad, en realidad el deseo de control la provoca.

Dios es Dios. Yo no. Está bien no preocuparse por cada pequeñez, dejar nuestras preocupaciones en las capaces manos de Dios. Nuestras preocupaciones no aseguran que las cosas malas no sucederán; simplemente nos roban la alegría en el momento presente. Deja que Dios sea Dios... y descansa en Su bondad hoy.

Porque tú eres grande y haces maravillas;
¡solo tú eres Dios!

SALMOS 86:10

inhala:

TÚ ERES GRANDE
Y HACES MARAVILLAS;

exhala:

SOLO TÚ ERES DIOS.

DIOS TE AMA PERFECTAMENTE

Respira hondo y ten claro: *Dios te ama de un modo perfecto y completo. No hay nada que temer.*

¿Cuánto confías en que el amor de Dios por ti es constante e inagotable? ¿Tus sentimientos o tus circunstancias te hacen dudar alguna vez de Su amor? ¿Temes que alguna situación o evento pueda hacer que Dios deje de amarte?

A veces sentimos que estamos separados del amor de Dios porque el pecado aparta nuestra alma de una conexión cercana e íntima con Él. Esto puede llevarnos a dudar de Su amor porque no lo estamos sintiendo como deseamos.

Pero el amor es mucho más que un sentimiento. El amor de Dios por nosotros es una verdad y una promesa. La oración nos permite reconectarnos con Dios y recordarnos estas verdades: que Él nos ama, que está con nosotros y que Su amor y Su presencia no han desaparecido, sin importar lo que nuestros sentimientos puedan estar diciendo. Y cuando estamos arraigados y confiados en Su amor, ningún miedo puede sacudirlo. Su perfecto amor echa fuera el miedo.

En el amor no hay temor, sino que el amor perfecto echa fuera el temor. El que teme espera el castigo, así que no ha sido perfeccionado en el amor.

1 JUAN 4:18

inhala:

No hay temor

exhala:

en tu amor.

DIOS ESTÁ CERCA CUANDO CLAMAS

Respira hondo y ten claro: *Dios está cerca cuando clamas a Él.*

Cuando clamas a Dios, Él está cerca de ti. Acude a tu vera, justo a tu lado, y se queda junto a ti.

Aunque Él esté allí, tal vez no siempre *sientas* Su presencia. A veces, nuestro miedo y nuestra ansiedad prevalecen sobre todo lo demás, y sentimos que estamos solos y abandonados en esos momentos. Pero la verdad y la promesa a la que podemos aferrarnos es que, sin importar qué emociones estemos sintiendo, *Dios está cerca cuando lo invocamos*. No hay límite para Su presencia, no se requieren calificaciones para invocar Su nombre. Él no solo está cerca de algunas personas en ciertos momentos; Él promete que está cerca de *todos* los que lo invocan: «Acérquense a Dios y él se acercará a ustedes» (Santiago 4:8).

Tu corazón puede estar dando vueltas hoy, lleno de miedo o preocupación. Está bien. No estás solo. Respira profundamente y descansa en Su presencia inquebrantable.

El Señor está cerca de todos los que lo invocan,
sí, de todos los que lo invocan de verdad.

SALMOS 145:18 NTV

inhala:

Señor,
Tú estás cerca

exhala:

de todos los
que claman a ti.

PUEDES HACER COSAS DIFÍCILES

Respira hondo y ten claro: *Dios te dará la fuerza necesaria para hacer cosas difíciles.*

Puedes hacer cosas difíciles, no porque seas lo bastante fuerte, sino porque Él lo es.

Los memes populares y las citas motivacionales pueden decirte que tienes la fuerza dentro de ti para hacer todo lo que te propongas, que todo lo que necesitas ya está dentro de ti, que con solo creer en ti puedes hacer cualquier cosa. Pero la verdad es que tu fuerza es finita. Tiene un límite. Y algunas cosas difíciles en la vida son en realidad demasiado difíciles para afrontarlas con tu propia fuerza.

La verdadera fuerza, la fuerza que perdura, no viene de dentro. Viene de la Fuente de la fuerza misma, de Aquel que nos hizo, de Aquel que da vida, aliento y poder a todas las cosas. Creer en ti no se puede comparar con la fuerza que proviene de creer en Él.

Suelta el control que tienes sobre tu vida. Relaja tus músculos, afloja tu agarre y permite que la fuerza de Dios te sostenga. No tienes que ser lo suficientemente fuerte porque *Él lo es*. No precisas tener todas las respuestas porque *Él es la respuesta suprema*. Puedes recorrer este camino difícil porque *Él está abriendo el camino*.

Todo lo puedo en Cristo que me fortalece.

FILIPENSES 4:13

INHALA:

Todo lo puedo hacer

EXHALA:

por medio de Cristo que me fortalece.

NADA ES IMPOSIBLE PARA DIOS

Respira hondo y ten claro: *Dios está contigo, y nada es imposible para Él.*

¿A qué cosa imposible te estás enfrentando hoy? ¿Qué parece demasiado difícil, demasiado grande, demasiado para gestionarlo? Tal vez tu cosa imposible sea un conflicto, una traición, una decisión, un diagnóstico, una tarea o una situación a la que simplemente no le ves resolución. Tal vez tu cosa imposible sea tu ansiedad; quizás sientes que nunca mejorará, que nunca experimentarás alivio de su impacto en tu vida. Y tal vez ese imposible que estás afrontando realmente sea imposible humanamente hablando.

Lo más probable es que tu cuerpo esté cargando el estrés de esa cosa imposible. Tu sistema nervioso puede estar luchando por encontrar el equilibrio porque tu mente está abrumada. Es probable que sientas la carga física de las cosas imposibles en tu vida.

Pero Dios es más grande incluso que las imposibilidades más imposibles, y más grande que la abrumadora sensación que estás sintiendo en tu cuerpo y tu espíritu. Con Dios, todas las cosas son posibles. Entrégale tu cosa imposible y permite que Él te transforme renovando tu mente mientras te concentras en Su presencia contigo y no en esa cosa imposible que tienes ante ti.

Para los hombres es imposible —aclaró Jesús, mirándolos fijamente—, pero no para Dios; de hecho, para Dios todo es posible.

MARCOS 10:27

inhala:

Para el ser humano
esto es imposible;

exhala:

pero para ti,
todo es posible.

DIOS QUIERE VENDAR TUS HERIDAS

Respira hondo y ten claro: *Dios anhela sanar lo que está roto y vendar tus heridas con Su gracia sanadora.*

A veces, la ansiedad está arraigada en el dolor o trauma que hemos experimentado. El trauma es, en realidad, un factor significativo en muchas condiciones de salud mental, incluidos los trastornos de ansiedad. Tómate un tiempo hoy para sincerarte realmente con Dios acerca de tu dolor y tu pasado. ¿Hay algún trauma que no hayas reconocido ni sanado? ¿Sigue el dolor de un desamor, una traición, abuso o abandono? Dios te ama, y Él quiere sanar esas heridas que te están pesando.

Deja que el amor de Jesús sea un bálsamo sobre todos tus lugares rotos. Permítele que misericordiosamente cierre todas tus heridas. Él puede hacer eso a través de un milagro, o puede obrar a través de las personas que ha puesto en tu vida, a través de la terapia, o incluso a través de la intervención médica. Algunas heridas son profundas, y el trauma a menudo requiere ayuda de profesionales. Y está bien. No hay vergüenza en pedir ayuda. De hecho, una nueva fuerza llega cuando te extiendes y comienzas el proceso de sanación. Dios te encontrará allí.

Sana a los de corazón quebrantado y cura sus heridas.

SALMOS 147:3

inhala:

TÚ SANAS A LOS DE CORAZÓN QUEBRANTADO

exhala:

Y CURAS SUS HERIDAS.

PUEDES SOLTAR EL CONTROL

Respira hondo y ten claro: *Puedes soltar tu garra de control y descansar en la fortaleza del amor de Dios.*

Soy muy buena haciendo planes e informando a Dios de lo que pienso que es mejor y de cómo creo que deberían resultar las cosas. Me gusta tomar la iniciativa, estar al mando, micromanejar cada detalle. Mi deseo de control a menudo se manifiesta como perfeccionismo, con listas interminables, metas y expectativas muy altas. Con frecuencia creo que el control puede garantizar mi seguridad, manteniendo mi vida segura, predecible y en el camino que he trazado. Pero el control es una ilusión, y el perfeccionismo es una prisión.

La verdad es que la vida es impredecible y está llena de cambios. Nunca estuvimos destinados a controlarlo todo, sino a confiar en el control de Dios. Él es constante y Su Palabra nunca cambia. A diferencia de las débiles e inestables paredes del perfeccionismo y del control, Dios es una verdadera roca y una fortaleza, una protección fuerte y segura, sin importar lo que venga. Apoyarnos en Su sabiduría para guiarnos en nuestras vidas nos libera de las cadenas de la ansiedad y derrumba los muros del control.

Guíame, pues eres mi roca y mi fortaleza,
dirígeme por amor a tu nombre.

SALMOS 31:3

inhala:

TÚ ERES MI ROCA
Y MI FORTALEZA,

exhala:

CONFÍO EN QUE
ME GUIARÁS.

DIOS ILUMINA TUS PASOS

Respira hondo y ten claro: *Independientemente de lo oscura que sea la senda que tienes delante de ti, Dios puede alumbrarla y guiarte por ella.*

¿Es incierto el camino que tienes delante? ¿Estás preocupado por una gran decisión? ¿No sabes cuál debería ser tu siguiente paso? ¿Te preocupa hacia dónde te está llevando tu camino de vida?

El miedo activa nuestra respuesta de lucha, de huida o de parálisis. A veces, nuestros miedos pueden impedirnos avanzar. Nos quedamos congelados en la incertidumbre, paralizados por la ansiedad. A veces, el miedo puede asustarnos hasta el punto de correr hacia adelante sin pensar siquiera en la dirección en la que vamos. O nos empuja a correr en la dirección opuesta para dejar atrás la incomodidad lo más rápido posible.

Tómate un tiempo hoy para entregarle tu incertidumbre a Dios. Abre la Biblia y pídele sabiduría a Dios mientras das el siguiente paso. Deja que la luz de Su Palabra guíe tus pies. Ya sea que sientas la tentación de huir de una decisión, correr hacia adelante sin pensar, o que te hayas paralizado por el miedo y no sepas qué hacer, trata de reducir la velocidad y dar solo un pequeño paso hoy. Da un solo paso de fe, confiando en que Su Palabra iluminará tu camino un paso a la vez.

Enciendes una lámpara para mí.
El Señor, mi Dios, ilumina mi oscuridad.

SALMOS 18:28 NTV

inhala:

Tu palabra es una lámpara
para mis pies;

exhala:

Tú alumbras mi oscuridad.

ERES CREACIÓN DE DIOS

Respira hondo y ten claro: *Dios te hizo de un modo maravillosamente integrado.*

Dios te creó. Hizo cada parte de ti, incluidas tus emociones. Las emociones son parte del sistema que nos ayuda a procesar los estímulos sensoriales que nos rodean cada día. No son un enemigo con el que debas luchar; son una señal para prestar atención.

Aunque a veces pueda parecerlo, la ansiedad no es tan solo «todo está en tu cabeza». Observa lo que sucede en tu cuerpo la próxima vez que sientas ansiedad. ¿Comienzas a respirar más rápido? ¿Tu corazón empieza a latir con fuerza? ¿Sientes que te ruborizas, sudas o tiemblas? Estos síntomas físicos no son una coincidencia. Son parte de la manera como Dios te diseñó intencionalmente. El estrés y los sentimientos de ansiedad son señales de nuestro cuerpo para advertir que algo está fuera de alineación. Son señales de que necesitamos desacelerar y realinear nuestros corazones con Cristo y recordar las verdades de Su Palabra.

Presta atención a cómo procesa tu cuerpo las emociones. Puede ayudarte a notar las señales que te indican cuándo es el momento de desacelerar, respirar profundamente y reenfocarte, para dirigir tu atención a Cristo y sintonizar tu corazón con el Suyo.

Porque tú formaste mis entrañas; me hiciste en el seno de mi madre.
Te alabaré, porque asombrosa y maravillosamente he sido hecho;
maravillosas son tus obras, y mi alma lo sabe muy bien.

SALMOS 139:13–14 LBLA

INHALA:

Tú creaste mis entrañas;

EXHALA:

me has hecho de una manera asombrosa y maravillosa.

DIOS DA FUERZA EN LA ESPERA

Respira hondo y ten claro: *Dios está aumentando tu fuerza y tu valor mientras esperas en Él.*

¿Qué estás esperando hoy?

¿Un trabajo? ¿Una relación? ¿Una respuesta a la oración?

¿Estás esperando sanación? ¿Un cambio? ¿Algún tipo de rescate?

¿Estás esperando que el dolor disminuya, que la tormenta se disipe o que la situación en la que te encuentras se haga más fácil?

Pasamos gran parte de nuestra vida en temporadas de espera. Esperar es difícil. A veces parece que nunca se terminará. Nos impacientamos y solo queremos que las cosas se resuelvan ya. Pero los milagros ocurren en la espera. El tiempo que pasamos aguardando nunca es tiempo perdido. Dios siempre está trabajando, siempre formándonos y transformándonos mientras esperamos. Y como a menudo solo vemos en retrospectiva, algunas cosas crecen mejor en las pacientes temporadas de pausa y espera.

Si estás esperando hoy, pide a Dios que te dé valor en el corazón y que fortalezca tu alma mientras esperas pacientemente por Él.

Espera al Señor; esfuérzate y aliéntese tu corazón.
Sí, espera al Señor.

SALMOS 27:14 LBLA

inhala:

ESPERARÉ EN TI,
SEÑOR,

exhala:

DAME FUERZA
Y VALOR.

PUEDES TENER PAZ EN MEDIO DEL SUFRIMIENTO

Respira hondo y ten claro: *El sufrimiento es parte de la vida, pero podemos tener valor y paz para experimentar ese sufrimiento al confiar en Aquel que ya nos ha dado la victoria suprema.*

A veces tenemos esta idea de que, si tan solo tuviéramos más fe o si simplemente oráramos lo suficiente o de la manera correcta, todo nuestro sufrimiento desaparecería, nuestra enfermedad sería sanada y ya no lucharíamos más. Pero Dios nunca prometió esto. De hecho, Jesús dijo que *tendremos* sufrimiento; tendremos dificultades. Lo que Él promete no es libertad del sufrimiento, sino Su presencia y paz *en medio* de este. Podemos tener paz absoluta porque Él ya ha conquistado el mundo de manera definitiva.

La realidad es que tal vez no experimentemos una sanación completa de este lado de la eternidad, pero aún podemos tener paz, una paz que solo viene de poner nuestra plena confianza en Él, sabiendo que Él está escribiendo una buena historia mayor que nuestras luchas presentes, que Él ha tejido Su aliento en cada momento de nuestra vida, que Él está con nosotros y que nos ama sin importar qué preocupaciones o ansiedades puedan llenar nuestras mentes. Él es un buen, buen Padre. Está con nosotros en nuestro dolor, y envuelve nuestras preocupaciones en Su amor constante.

Yo les he dicho estas cosas para que en mí hallen paz.
En este mundo afrontarán aflicciones,
pero ¡anímense! Yo he vencido al mundo.

JUAN 16:33

inhala:

Tengo paz en ti;

exhala:

¡Tú has vencido
al mundo!

DIOS SOSTIENE TUS DÍAS Y TUS NOCHES

Respira hondo y ten claro: *Dios tiene tus días y tus noches en sus bondadosas y amables manos.*

El sol y la luna, la luz y la oscuridad, el amanecer y el atardecer, los cielos despejados y las nubes de tormenta, todo le pertenece a Dios. Él tiene el control de cada rotación de la tierra, de cada giro alrededor del sol, de cada estación y estrella fugaz. Él los hizo todos.

Y así como Él sostiene toda la creación en Sus manos, orquestando los movimientos del universo en un delicado y hermoso equilibrio, Él te está sosteniendo a ti durante todos tus días más brillantes y las noches más oscuras, y dirige tu vida en una gloriosa muestra de Su bondad y Su gracia.

Puede que no sea fácil ver esto cuando estamos atravesando estaciones oscuras y es difícil darle sentido a todas las sombras, pero Dios está tan presente y en control allí en la oscuridad como lo está a la luz del día. Él sabe lo que está haciendo, y puedes confiar en Él.

Mientras pronuncias esta oración, recuerda a Aquel que sostiene tanto tus días como tus noches en Sus manos, a Aquel que te está sosteniendo en cada momento de la vida. Él no te soltará. Puedes respirar en paz.

Tanto el día como la noche te pertenecen;
tú creaste el sol y la luz de las estrellas.

SALMOS 74:16 NTV

inhala:

DÍA Y NOCHE

exhala:

TE PERTENECEN.

DIOS NO SE APARTARÁ

Respira hondo y ten claro: *No importa lo lejos que hayas escapado, durante cuánto tiempo o cuánto te has perdido, Dios promete que no se apartará si regresas a Él. Dios te ama y te está llamando para que vuelvas a Él hoy.*

Cada día estamos dando vueltas. Siempre girando hacia Jesús o alejándonos de Él. Realmente no hay un término medio.

Para seguir a Cristo, tenemos que volvernos hacia Él, concentrarnos en Él. Si dejamos que nuestros ojos divaguen, como sucede cuando conducimos un auto, comenzaremos a desviarnos y a girar en la dirección hacia la que estamos mirando.

Pon tus ojos en Cristo hoy.

Y si pierdes el enfoque, si tus ojos divagan y comienzas a preocuparte, si comienzas a desviarte, a ahogarte o a alejarte, descansa en esta gloriosa esperanza: puedes volver a girar hacia Él, y Él siempre estará allí, listo para estabilizarte.

No dejes que el miedo o tus preocupaciones te impidan volverte hacia Dios. Él ya conoce todos tus temores, y te ama. Él quiere ayudarte. Él quiere abrazarte. Él quiere rescatarte. Él te está llamando para que regreses a su presencia hoy.

¿Qué pequeño paso puedes dar hoy para volver a Dios?

El Señor su Dios es misericordioso y compasivo.
Si ustedes se vuelven a él, jamás los abandonará.

2 CRÓNICAS 30:9

inhala:

TÚ ERES CLEMENTE
Y MISERICORDIOSO,

exhala:

NO TE APARTARÁS
CUANDO ME VUELVA A TI.

LA PALABRA DE DIOS ES TU ESPERANZA

Respira hondo y ten claro: *La palabra de Dios es tu fuente de esperanza.*

Las oraciones del corazón de este libro están basadas en las Escrituras porque es en la Palabra de Dios donde se encuentra la esperanza duradera. La Escritura es nuestra fuente de conocimiento sobre Dios. Es donde aprendemos sobre Su carácter y Sus promesas, sobre Su bondad y Su gracia. Su Palabra es donde se nos recuerda que Dios es nuestro escudo cuando las flechas del miedo del enemigo son lanzadas contra nosotros, y Él es nuestro refugio cuando las tormentas del sufrimiento golpean fuertemente. Su Palabra nos da la esperanza de que estos días oscuros no son el final de la historia, que las preocupaciones de hoy no durarán para siempre, y que tenemos una esperanza que es más grande que nuestros temores.

¿Qué es lo que pesa en tu vida hoy? Llena tu mente con Sus palabras, aférrate a Su verdad y deja que sea tu escudo y refugio, traiga lo que traiga el día.

Tú eres mi escondite y mi escudo;
en tu palabra he puesto mi esperanza.

SALMOS 119:114

inhala:

Tú eres mi
escondite
y mi escudo.

exhala:

Mi esperanza
está en tu
palabra.

PUEDES CONFIAR EN DIOS CON TODO TU CORAZÓN

Respira hondo y ten claro: *Se puede confiar en Dios. Puedes cambiar la forma de vivir tus días y cambiar la preocupación por paz cuando confías en Dios y te apoyas en Él.*

«Vive tu verdad». «Haz lo que te haga sentir bien». «Sigue tu corazón».

¿Te suenan familiares estas frases? Estos mensajes impregnan nuestra cultura y llenan los *feeds* de nuestras redes sociales cada día.

Y suenan bastante bien; después de todo, el mundo te dice que seguir tu propio camino y vivir tu verdad conduce a la verdadera felicidad.

Pero como seguidoras de Jesús, sabemos que la verdadera alegría y la paz realmente vienen cuando dejamos de apoyarnos en nuestro propio entendimiento, cuando dejamos ir nuestro propio camino, cuando dejamos de aferrarnos a nuestra propia verdad, cuando dejamos de fiarnos de nuestro propio corazón, y lo rendimos todo a Dios y confiamos en Él con toda nuestra vida.

¿Qué ámbito de tu vida te está causando ansiedad, estrés o preocupación? ¿Necesitas tomar alguna decisión? ¿Una tristeza o pérdida que están ensombreciendo tus días? ¿De verdad estás confiando plenamente en Dios respecto a esa circunstancia, o solo estás confiando en lo que puedes entender? Apóyate en la sabiduría de Dios, en Su verdad eterna, para ayudarte a encontrar un camino hacia adelante. Puedes confiar en Él.

Confía en el Señor con todo tu corazón;
no dependas de tu propio entendimiento.

PROVERBIOS 3:5 NTV

INHALA:

Confío en ti, Señor

EXHALA:

con todo mi corazón.

DIOS RENUEVA TU ESPÍRITU

Respira hondo y ten claro: *Dios es fiel y perdonador.*

¿Cómo está tu corazón hoy? ¿Te estás aferrando al pecado? ¿Estás luchando por soltar la vergüenza o la culpa? ¿Algo está interfiriendo en tu relación con Dios?

¿Y qué me dices de tu espíritu? ¿Sientes ansiedad o enojo? ¿Cuál es tu actitud hacia las personas que te rodean? ¿Qué tipo de espíritu te gustaría tener en su lugar?

Dale a Dios todo lo que estás reteniendo, arrepiéntete de cualquier pecado que te esté atando y deja que Él trabaje en tu corazón y en tu espíritu para renovarte con Su amorosa gracia. Él puede darte un corazón limpio y liberarte de las cadenas de la culpa y la vergüenza. El peso que cargas será levantado y podrás respirar profundamente, sabiendo que Él es un Dios fiel y perdonador, y te invita a confiar en Él con tu corazón y tu espíritu hoy.

Crea en mí, oh Dios, un corazón limpio,
y renueva un espíritu recto dentro de mí.

SALMOS 51:10 LBLA

inhala:

Crea en mí
un corazón limpio,

exhala:

renueva un espíritu recto
dentro de mí.

LA PALABRA DE DIOS TE AYUDA A RECORDAR

Respira hondo y ten claro: *Llenar tu corazón de la Palabra de Dios es una fuente poderosa de consuelo y fuerza.*

Muchos de mis propios problemas comienzan con el acto de olvidar lo que Dios ya ha hecho por mí. Ann Voskamp lo denomina «amnesia del alma», y me temo que sufro un caso crónico. Dejo que mis emociones nublen la verdad; dejo que mis miedos eclipsen Sus promesas; dejo que las tormentas persistentes de mi vida me hagan dudar de Su bondad y amor. ¿Te suena familiar?

El remedio para este tipo de «amnesia del alma» es el acto intencional de recordar. Hacemos esto guardando la Palabra de Dios en nuestros corazones para no olvidar la verdad, para poder honrarlo con nuestra forma de vivir nuestros días y nuestra manera de manejar las tormentas de esta vida. Memorizamos las Escrituras para recordar el bien que Él ha hecho y la gracia que nos ha dado. La Palabra de Dios nos ayuda a recordar que debemos arrodillarnos, abrir Su Palabra, alabar Su nombre, arrepentirnos de nuestros pecados, buscar lo bueno, contar Sus regalos y confiar en Sus promesas.

El acto de memorizar crea fuertes caminos neuronales en nuestros cerebros, y nos facilita recordar las promesas de Dios en tiempos de estrés o sufrimiento. Si quieres comenzar a guardar la Palabra de Dios en tu corazón, ¡las oraciones del corazón de este libro pueden ser un buen lugar por donde empezar!

He guardado tu palabra en mi corazón, para no pecar contra ti.

SALMOS 119:11 NTV

inhala:

LLENA MI CORAZÓN

exhala:

CON TU PALABRA.

DIOS LO SABE TODO DE TI

Respira hondo y ten claro: *Dios ya lo sabe todo de ti, y te ama.*

Muchos de nosotros levantamos muros alrededor de nuestro corazón para evitar que los demás nos vean y nos conozcan de verdad. Nos preocupa que, si dejamos entrar a alguien, si ven lo que realmente somos, no les gustará lo que ven, y así construimos esos muros cada vez más altos, manteniendo a los demás a distancia. La vergüenza y la inseguridad nos hacen tener miedo de ser vulnerables, así que nos volvemos muy buenos actuando como si tuviéramos todo bajo control, como si supiéramos lo que estamos haciendo, como si fuéramos realmente tan buenos y perfectos como desearíamos ser.

Pero por mucho que dejemos que la ansiedad y el miedo nos encierren y aparten de los demás, no podemos escondernos de Dios.

Él ya te conoce; sabe *todo* de ti. Ve cada parte de tu corazón. Conoce las profundidades de tu alma. ¿Y sabes qué? Él te ama y te acepta completa y plenamente. No hay nada que puedas esconder de Él. Nada de lo que hayas hecho o puedas hacer lo sorprenderá. Y porque Él ya sabe todo sobre ti, puedes confiar en que Él sabe lo que es mejor para ti.

Así que deja que Dios entre en las partes más profundas de tu corazón hoy, y confía en Él con lo que más te causa ansiedad y miedo. Puedes confiar en Él con tu corazón. Él te ama.

Oh SEÑOR, *has examinado mi corazón*
y sabes todo acerca de mí.

SALMOS 139:1 NTV

inhala:

TÚ EXAMINAS
MI CORAZÓN,

exhala:

TÚ LO SABES
TODO DE MÍ.

DIOS ES TU FUERZA

Respira hondo y ten claro: *Aunque tu cuerpo esté sufriendo, tu alma puede ser fuerte. Dios, la fuente de tu fuerza, nunca te abandonará. Es tuyo para siempre.*

Vivimos en cuerpos plagados de todo tipo de aflicciones. Podemos hacer muchas cosas para cuidar nuestro cuerpo y hacer que esté lo más saludable posible, pero la realidad es que todos y cada uno de los cuerpos fallarán en algún momento.

Aunque nuestro cuerpo pueda fallar y nuestro sistema nervioso pueda vacilar, aunque nos cansemos y agotemos por las luchas de esta vida, nuestra alma puede seguir siendo fuerte porque nuestra fuerza no viene de nuestras circunstancias, sino de Dios.

Pablo escribió en 2 Corintios 4:16: «Aunque por fuera nos vamos desgastando, por dentro nos vamos renovando día tras día». El estado de nuestra alma no depende de lo que está sucediendo en nuestro cuerpo exterior. No importa la enfermedad o la dolencia que tu cuerpo padezca, no importa el trastorno o diagnóstico que te hayan dado, no importa la discapacidad o dificultad que soportes, tu alma puede florecer, crecer y ser renovada día tras día.

La verdad es que siempre puedo tener la paz y la fuerza que anhelo, al margen del estado de mi cuerpo o de mis circunstancias, porque la verdadera paz y fortaleza se encuentran en Dios, y como nos recuerda el salmista: «Él es mío para siempre» (Salmos 73:26 NTV).

Puede fallarme la salud y debilitarse mi espíritu, pero Dios sigue siendo la fuerza de mi corazón; él es mío para siempre.

SALMOS 73:26 NTV

INHALA:

Tú eres la fuerza de mi corazón;

EXHALA:

Tú eres mío para siempre.

DIOS ESTÁ CERCA CUANDO TE DESMORONAS

Respira hondo y ten claro: *No sufres solo. Jesús está cerca cuando estás destrozado.*

Dios no está ausente en tu sufrimiento. No sufres solo.

En lo más profundo de la oscuridad, en las luchas más intensas, en lo más alto del sufrimiento, Dios está allí. Y Él no se irá, no te abandonará ni te desamparará. Puedes confiar en Él hoy, independientemente de lo roto que esté tu corazón o de lo destrozado que esté tu espíritu. Él ve y oye; Él sabe y se preocupa.

Jesús sabe lo que es sufrir, ser quebrantado, herido, despreciado y rechazado. Él lleva nuestras cargas sobre sus hombros azotados, y nos sostiene con ternura en sus manos marcadas por los clavos.

¿Hay algún dolor o quebranto que te pesa hoy? ¿Te sientes solo y roto, deseando ser rescatado de tu dolor? Vuelve a Jesús. Aunque tu espíritu pueda estar aplastado, Él está cerca. Más cerca que tu próximo aliento.

El Señor *está cerca de los quebrantados de corazón,*
y salva a los de espíritu abatido.

SALMOS 34:18

inhala:

Estás cerca de los que tienen
el corazón quebrantado;

exhala:

Tú rescatas a
los de espíritu abatido.

DIOS TE MUESTRA EL CAMINO

Respira hondo y ten claro: *Tal vez no conozcas el camino para salir de esto, pero Dios sí lo conoce, porque Él es el Camino.*

Algunos días son simplemente difíciles. Es difícil ver a través de la oscuridad, ver un camino hacia adelante cuando todo parece desesperanza. Pero incluso en la oscuridad, podemos encontrar gozo, porque Dios siempre está con nosotros, y en Su presencia es donde encontramos el verdadero gozo, sin importar la dificultad que nos rodea.

Dios conoce el camino en la oscuridad porque Él *es* el Camino a través de la oscuridad, la Luz para nuestros caminos. Y Él está con nosotros en todo momento, Su presencia misma es nuestro consuelo y nuestro gozo a través de todo.

Incluso en los días cuando la vida parece un gran caos, cuando es difícil, duele y no puedes ver cómo todo esto puede ser «bueno», Dios no ha dejado de obrar. No ha dejado de hacer un camino. No ha dejado de amarte.

Así que puedes respirar profundamente hoy y saber que, sin importar aquello a lo que te enfrentes, *todas* las cosas siguen trabajando juntas para tu bien supremo y Su gloria suprema (Romanos 8:28).

Me mostrarás el camino de la vida; me concederás la alegría de tu presencia y el placer de vivir contigo para siempre.

SALMOS 16:11 NTV

inhala:

MUÉSTRAME LA SENDA
DE LA VIDA,

exhala:

DAME EL GOZO
DE TU PRESENCIA.

TODO LO BUENO PROCEDE DE DIOS

Respira hondo y ten claro: *Todo lo bueno en tu vida viene de Dios. Puedes confiar en Su amor soberano hacia ti.*

Tómate un minuto para reconocer tu total dependencia de Dios.

¿Te produce consuelo o ansiedad pensar en la soberanía de Dios? ¿Sientes gozo o miedo al pensar que dependes de Él para cada cosa buena en tu vida? La mayoría de nosotros tendemos a querer algún nivel de control; queremos planificar y dictar cómo irán nuestros días y cuáles serán los resultados. En el fondo (aunque no lo reconozcamos), creemos que, si trabajamos lo suficiente o hacemos bastantes cosas buenas, atraeremos las bendiciones. Si eso no sucede, o si las circunstancias de nuestra vida están fuera de nuestro control, la ansiedad, el miedo y la preocupación pueden llenar nuestra mente.

Pero si reconocemos que, desde siempre, Dios es quien tiene el control, y si confiamos en que Él es bueno y nos ama, podemos soltar esa necesidad desesperada de controlarlo todo, y podemos tener paz sin importar lo que venga.

Toda la vida se convierte en una oportunidad para el gozo cuando vemos cada parte de ella como un regalo de nuestro buen y amoroso Dios.

Yo le he dicho al Señor: «Mi Señor eres tú.
Fuera de ti, no poseo bien alguno».

SALMOS 16:2

inhala:

Tú eres
mi Señor;

exhala:

no tengo
bien
aparte
de ti.

TIENES SEGURIDAD EN CRISTO

Respira hondo y ten claro: *Tu vida está a salvo en Cristo. Ya no estás bajo las cadenas de tu pecado. Eres libre de vivir por fe. Eres amado y estás seguro en Jesús.*

Aquí tienes una muy buena noticia en la que enfocarte hoy: Jesús te ama tanto que dio Su vida por ti. Él murió, fue sepultado y resucitó para darte nueva vida. Si has confiado en Él, aunque tu alma estaba muerta sin Cristo, ahora está viva con Su aliento fresco de salvación. Tus pecados son perdonados; ¡has sido liberado! Y el Espíritu Santo ya ha comenzado a integrar todo lo que estaba desintegrado, a rehacer todo lo que estaba roto, a restaurar todo lo que se había perdido, a desatar las cadenas que te ataban al pecado, y a hacer todas las cosas gloriosamente nuevas.

Ya no tienes que vivir atado por el miedo o la vergüenza. Ahora puedes vivir guiado por la fe, confiando en que Aquel que te salvó es Aquel que te sostiene y te tiene seguro en Sus amorosas manos. Ninguna preocupación, ningún miedo, ninguna dificultad o día oscuro puede deshacer lo que Él ha hecho ni cambiar Su amor por ti. Ni hoy, ni nunca.

He sido crucificado con Cristo, y ya no vivo yo, sino que Cristo vive en mí. Lo que ahora vivo en el cuerpo, lo vivo por la fe en el Hijo de Dios, quien me amó y dio su vida por mí.

GÁLATAS 2:20

inhala:

VIVO POR LA FE EN TI,

exhala:

ME AMAS Y TE
ENTREGASTE POR MÍ.

DIOS ES TU ESPERANZA EN EL DESALIENTO

Respira hondo y ten claro: *El desaliento es una oportunidad para recordar a Dios, recordar todo lo que Él ha hecho y recordarle a tu alma que Él no ha acabado aún.*

A veces parece que el mundo a mi alrededor está bailando y yo no puedo oír la canción. Todos los demás parecen moverse a lo largo de la coreografía rápida de una vida feliz, y yo no he recibido coreografía alguna en absoluto. En las temporadas oscuras de mi alma, el ritmo lento del sufrimiento es el compás de mis días. Tal vez aquellos de ustedes que sufren dolor crónico o condiciones de salud mental puedan identificarse con esto. ¡Es tan fácil desanimarse cuando el sufrimiento persiste o el dolor tarda en sanar, cuando las peticiones de sanación no son respondidas de la manera en que queremos!

Entonces es cuando recordamos a Dios. Recordamos Su presencia, Su bondad, Su amor. Entrenamos nuestra mente para volver a Él. Y cuando el brutal ritmo del desánimo golpea, recordamos que Él nos sostiene a través de cada estrofa de sufrimiento hasta que prorrumpe el coro de victoria. Dios todavía está escribiendo tu historia, y nada se desperdicia; todo está trabajando en conjunto, en una hermosa composición que, al final, cantará Su bondad y Su gloria.

¡Mi Dios! Ahora estoy profundamente desalentado,
pero me acordaré de ti.

SALMOS 42:6 NTV

INHALA:

Estoy profundamente desanimado;

EXHALA:

pero me acordaré de ti.

DIOS TIENE LAS RESPUESTAS

Respira hondo y ten claro: *Es posible que no siempre sepas qué hacer, pero siempre puedes volver la mirada a Aquel que sí lo sabe.*

A veces, las circunstancias de nuestras vidas parecen más grandes de lo que podemos manejar. Como un ejército vasto y poderoso, nuestras luchas y dificultades parecen imposibles de vencer. ¿Qué hacemos cuando no sabemos qué hacer? ¿Qué hacemos cuando los problemas son demasiado grandes y el miedo es demasiado fuerte?

Volvemos nuestros ojos al Único que es más grande y más fuerte que todo. Volvemos la mirada a Aquel que nos ama, nos sostiene y está haciendo un camino para nosotros, incluso cuando parece imposible. Después de todo, Él es el Maestro de lo imposible. Nuestras situaciones imposibles son realmente oportunidades para volver a Él, confiar en Él y ver cómo Él hace lo que solo Él puede hacer. Pero primero, debemos apartar nuestros ojos del ejército, de esa cosa realmente difícil que tenemos enfrente, y ponerlos completa y firmemente en Dios.

¿A qué imposibilidad te estás enfrentando hoy? Está bien si no sabes qué hacer. Simplemente pon tus ojos en Cristo y deja que Él te guíe.

Porque no tenemos fuerza alguna delante de esta gran multitud que viene contra nosotros, y no sabemos qué hacer; pero nuestros ojos están vueltos hacia ti.

2 CRÓNICAS 20:12 LBLA

inhala:

No sé qué hacer;

exhala:

pero mis ojos están en ti.

LOS CAMINOS DE DIOS SON MÁS ALTOS

Respira hondo y ten claro: *Dios sabe lo que está haciendo aunque tú no lo entiendas. Puedes confiar en Él.*

Si nosotros sostuviéramos la pluma, probablemente escribiríamos nuestras historias de manera diferente. Tal vez editaríamos una sección en particular que no fue agradable o nos saltaríamos un fragmento que requirió algo de aprendizaje y crecimiento. Pero Sus caminos no son nuestros caminos, y Sus pensamientos no son los nuestros.

Tratar de entender los caminos de Dios es como intentar describir las profundidades de todo el océano estudiando solo una gota de agua de mar. ¡Hay tanto que no podemos ver, tanto que desconocemos, y tanto que Dios nos tiene preparado y que solo comprenderemos cuando lo veamos cara a cara!

Así que, cuando las circunstancias no tengan sentido, cuando tengas más preguntas que respuestas, cuando no entiendas lo que Dios está haciendo, recuerda que Él ve mucho más de lo que tú puedes ver y que Sus pensamientos son mucho más altos que los tuyos. Tal vez nunca puedas comprender por completo los caminos de Dios, pero no necesitas hacerlo. Puedes confiar en que Sus caminos son para tu bien, para acercarte a Él y para hacerte crecer en santidad.

Mis pensamientos no se parecen en nada a sus pensamientos, dice el SEÑOR. *Y mis caminos están muy por encima de lo que pudieran imaginarse. Pues así como los cielos están más altos que la tierra, así mis caminos están más altos que sus caminos y mis pensamientos, más altos que sus pensamientos.*

ISAÍAS 55:8-9 NTV

inhala:

TUS PENSAMIENTOS
NO SON MIS
PENSAMIENTOS,

exhala:

TUS CAMINOS
SON MÁS ALTOS
QUE LOS MÍOS.

DIOS ES IMPERTURBABLE

Respira hondo y ten claro: *Tu Dios inmutable está justo a tu lado, te mantiene a salvo e inconmovible.*

Dios no promete plazos específicos para nuestras luchas ni dice que nos librará del sufrimiento o el dolor. Pero sí promete Su presencia. Y promete que nos dará descanso. Nos consolará, no cuando lleguemos al otro lado de nuestro sufrimiento, sino justo en el medio de todo el desorden. Y Él puede darte paz incluso si las luchas que te rodean no cambian, porque *Él puede cambiarte* de dentro hacia afuera. Y puedes conocer Su paz cuando la vida sea como arena movediza, porque Él permanece igual.

El carácter de Dios es constante. Él es bueno, compasivo, lleno de gracia, fiel, amoroso, justo, santo, paciente, amable, misericordioso y sabio.

Nada de lo que sucede en este mundo,
nada de lo que sucede en tu vida,
nada en absoluto, nunca, ni ahora ni en lo que está por venir,
cambiará jamás el carácter de Dios.

Tu fe puede ser inamovible aunque tu mundo esté temblando, si tu fundamento está arraigado en el carácter inmutable de Dios y no en las arenas movedizas de las circunstancias.

Sé que el Señor siempre está conmigo. No seré sacudido, porque él está aquí a mi lado. Con razón mi corazón está contento y yo me alegro; mi cuerpo descansa seguro.

SALMOS 16:8-9 NTV

INHALA:

Tú siempre estás conmigo;

EXHALA:

no seré conmovido.

INHALA:

Estás justo a mi lado,

EXHALA:

y estoy a salvo.

PUEDES DORMIR EN PAZ

Respira hondo y ten claro: *Puedes dormir seguro porque Dios está contigo.*

¿Alguna vez tienes miedo de dormir? ¿O te resulta difícil conciliar el sueño porque tu mente no para de correr, llena de mil preocupaciones?

El insomnio es un síntoma bastante común de la ansiedad. Puede resultar difícil acallar esos pensamientos ansiosos cuando todo está quieto y oscuro a tu alrededor. La noche puede ser el momento más solitario y aterrador del día para algunas personas.

Somos vulnerables cuando dormimos, incapaces de defendernos de los embates de la vida. Pero nuestros cuerpos naturalmente *requieren* tiempo para apagarse y descansar. Dios nos diseñó de manera intencional para necesitar el sueño, para dejar nuestro deseo de control por unas horas cada día y confiar en que Él nos mantendrá a salvo.

Esta es una excelente oración del corazón para pronunciar mientras te acuestas a dormir. Respira profundamente y despacio. Presta atención al ritmo de tu respiración. Tal vez incluso coloca tu mano sobre tu estómago para sentir cómo se expande con cada respiración. Luego, repite las palabras de esta oración, y recuérdale a tu alma que Dios está contigo y que Él puede mantenerte a salvo.

En paz me acostaré y dormiré, porque solo tú, Oh Señor, me mantendrás a salvo.

SALMOS 4:8 NTV

inhala:

DORMIRÉ EN PAZ,

exhala:

PORQUE TÚ ME
MANTENDRÁS A SALVO.

DIOS ESTÁ ABRIENDO UN CAMINO

Respira hondo y ten claro: *No tienes que temer lo que te pueda traer el día, porque conoces a aquel que está haciendo un camino y puedes confiar en Él para que te guíe por él.*

¿Estás en medio de una circunstancia o de una temporada que no ha ido en absoluto como esperabas? ¿El camino por el que vas ahora no se parece en nada a lo que pensabas que sería?

Las expectativas pueden conducir a la decepción cuando las cosas no salen como creemos que deberían. La incertidumbre sobre el futuro puede generar mucha ansiedad cuando nuestros corazones están llenos de preocupación.

Confiar en Dios significa confiar para que nos guíe y abra un camino hacia adelante, incluso cuando el camino por delante es incierto. Un tipo de contentamiento llega al confiar en el corazón de Dios, al aprender a sostener lo que tienes de manera ligera y aceptar con gratitud lo que venga.

Dios te ama. Pase lo que pase, Él está contigo. Lo que Él te da es un regalo. Todo es gracia sobre gracia, regalo sobre regalo de tu Creador que te ama y hará lo que sea necesario para acercarte más a Su corazón, a Su camino, a Su lado.

SEÑOR, *por causa de mis enemigos, dirígeme en tu justicia; endereza tu senda delante de mí.*

SALMOS 5:8

inhala:

GUÍAME
EN TU JUSTICIA;

exhala:

ENDEREZA TU CAMINO
DELANTE DE MÍ.

DIOS RENUEVA TU FUERZA

Respira hondo y ten claro: *Tu fuerza será renovada al poner tu confianza en Dios.*

¿Cómo estás hoy de fuerzas? ¿Te sientes fuerte en tu espíritu? ¿O te sientes débil y agotado? ¿Te sientes desgastado por tus circunstancias, tu salud, tu vida? ¿Ha agotado tu fuerza una batalla que has estado librando?

Esa fatiga que sientes es una señal, una señal de que algo no está alineado en tu cuerpo, en tu alma o en ambos. Haz tiempo para desacelerar hoy y permite que Dios renueve tu fuerza mientras realineas tu corazón con el Suyo. Aunque los síntomas físicos de tu agotamiento no desaparezcan, sobre todo si vives con una enfermedad crónica o una condición de salud, tu espíritu aún puede ser fuerte y tu alma puede ser renovada. El primer paso para esta renovación es volverte hacia Dios y confiar en Él. Confía en Dios con tus circunstancias, tu salud, tu vida. Confía en Él en esa batalla que estás afrontando. Entrégale tu agotamiento, vuelve a Su Palabra, y deja que la verdad de Sus promesas renueve tu corazón y tu mente mientras confías en Él hoy.

En cambio, los que confían en el Señor encontrarán nuevas fuerzas; volarán alto, como con alas de águila. Correrán y no se cansarán; caminarán y no desmayarán.

ISAÍAS 40:31 NTV

inhala:

Confío en ti, Señor;

exhala:

renueva mi fuerza.

HAY ESPERANZA EN LA ESPERA

Respira hondo y ten claro: *Siempre hay esperanza cuando estás esperando, porque se puede confiar en que Dios siempre cumple Su palabra.*

Las temporadas de espera pueden ser dolorosamente largas y difíciles. Pero el tiempo de espera no es tiempo perdido. Dios no desperdicia nada. Él siempre está haciendo algo. Dios está trabajando mientras aguardamos, independientemente de si podemos ver o entender lo que Él está haciendo.

No solo está trabajando a través de las circunstancias a nuestro alrededor, sino que está trabajando *dentro* de nosotros, preparándonos y dándonos forma mientras esperamos. Por esto, siempre podemos tener esperanza. Tish Harrison Warren dice: «Esperar es "tomar prestada la gracia". No es optimismo ingenuo. La esperanza admite la verdad de nuestra vulnerabilidad. No confía en que Dios evitará que todas las cosas malas sucedan. Pero asume que la redención, la belleza y la bondad estarán allí para nosotros, pase lo que pase».[19] La Palabra de Dios es nuestra esperanza en la espera, porque Su Palabra nos recuerda que Él está con nosotros y que siempre cumple Su palabra.

¿Qué estás esperando hoy? Rinde tu esperanza en la Palabra de Dios mientras esperas, y deja que Sus promesas te den paz.

Espero en el Señor*; en Él espera mi alma, y en su palabra tengo mi esperanza.*

SALMOS 130:5 LBLA

inhala:

Espero en ti,
Señor;

exhala:

mi esperanza
está en tu
Palabra.

EL AMOR DE DIOS ES INQUEBRANTABLE

Respira hondo y ten claro: *El infalible y fiel amor de Dios está contigo cada día. Puedes confiar en Él para mostrarte el camino.*

El amor y la bondad de Dios son inquebrantables y siempre fieles. Dios no te ama porque lo sigas; Él te ama porque te ama. Punto. No es amable porque confíes en Él; Él es amable porque lo es. Punto. Es quien Él es.

El amor de Dios no depende de las circunstancias en tu vida. Su bondad no está limitada por tus luchas o tu sufrimiento. Él está contigo *en* tu sufrimiento, no a pesar de él o porque tiene que estar. Dios está justo allí, en medio de tu sufrimiento, acompañándote como tu Amigo. La fe crece, no a pesar de las cosas difíciles, sino *por* ellas. A menudo, en los momentos más oscuros es cuando la presencia de Dios es más dulce. Con frecuencia, los tiempos más duros son los que hacen que Su amor sea más tierno.

Dios te ama *hoy*. Puedes confiar en Él con toda tu vida, lo bueno, lo difícil y todo lo que está en medio. Comienza hoy recordando Su amor fiel y poniendo tu vida en Sus manos.

Por la mañana hazme saber de tu gran amor,
porque en ti he puesto mi confianza.
Señálame el camino que debo seguir, porque a ti elevo mi alma.

SALMOS 143:8

inhala:

QUE LA MAÑANA
ME TRAIGA PALABRA

exhala:

DE TU FIEL AMOR.

inhala:

MUÉSTRAME EL CAMINO
QUE DEBO SEGUIR,

exhala:

CONFÍO EN TI CON
TODA MI VIDA.

DIOS SUPLE TODAS TUS NECESIDADES

Respira hondo y ten claro: *Dios te da aliento y vida. Puedes confiar en que Él suplirá cada una de tus necesidades.*

El aliento de Dios es la fuente de toda vida. Al principio, Dios sopló el aliento de vida en el hombre y el alma cobró vida.

Incluso ahora, es Su aliento el que entra y sale de nuestros pulmones, fluye a través de cada vaso y vena en nuestros cuerpos, y da vida a cada uno de nuestros órganos y células.

El aliento de Dios es el que te da vida, y es Su aliento el que la sostiene.

Si Dios puede generar vida con Su aliento, ¿no puede hacer cualquier cosa? Si Él puede originar estrellas y galaxias con una palabra, y dar vida y aliento a todo lo que hay en este hermoso planeta, ¿no puede Él suplir cualquier necesidad que tengas hoy? Respira profundamente ahora mismo y recuerda el regalo de la vida que Dios te ha dado. Inhala Su amor y bondad profundamente en tu alma.

Ahora exhala todas tus preocupaciones y miedos. Expulsa todo lo que te está pesando y deja que el aliento de Dios te llene de paz renovada, mientras confías en Él para suplir todas tus necesidades.

Él es quien da vida y aliento a todo
y satisface cada necesidad.

HECHOS 17:25 NTV

inhala:

Tú das vida y aliento
a todo,

exhala:

Tú suples cada una
de mis necesidades.

NOTAS

1. Curt Thompson MD, *Anatomy of the Soul: Surprising Connections between Neuroscience and Spiritual Practices That Can Transform Your Life and Relationships* [Anatomía del alma: sorprendentes conexiones entre la neurociencia y las prácticas espirituales que pueden transformar su vida y sus relaciones] (Caro Stream, IL: Tyndale, 2010), xvii.

2. Para información sobre las diferencias entre preocupación y ansiedad, ver "Worry and Anxiety: Do You Know the Difference?" [Preocupación y ansiedad: ¿Conoces la diferencia?] *Henry Ford Health,* agosto 2020, www.henryford.com/blog/2020/08/the-difference-between-worry-and-anxiety.

3. Phillip Low MD, "Overview of the Autonomic Nervous System" [Visión general del sistema nervioso autónomo], *College of Medicine,* Mayo Clinic, septiembre de 2021, www.merckmanuals.com/home/brain,-spinal-cord,and -nerve-disorders/autonomic-nervous-system-disorders/overview-of-the-autonomic-nervous-system.

4. Información tomada de Will Meek PhD, "The Difference Between Normal Anxiety and GAD" [Diferencia entre ansiedad normal y Trastorno de Ansiedad Generalizada], *Very Well Mind,* diciembre de 2020, www.verywellmind.com/the-difference-between-normal-anxiety-and-gad-1393143 y "Anxiety Disorders" [Trastornos de ansiedad], National Institute of Mental Health, www.nimh.nih.gov/health/topics/anxiety-disorders.

5. Thompson, *Anatomy of the Soul* [Anatomía del alma], 42.

6. Puede encontrar información adicional sobre todo el proceso en "Understanding the Stress Response" [Comprender la respuesta al estrés], Harvard Health Publishing, Harvard Medical School, julio de 2020, www.health.harvard.edu/staying-healthy/understanding-the-stress-response.

7. Los términos "cerebro emocional" y "cerebro pensante" pertenecen a "What Happens in the Brain When We Feel Fear" [Qué ocurre en el cerebro cuando sentimos miedo], *Smithsonian Magazine,* octubre de 2017, www.smithsonianmag.com/science-nature/what-happens-brain-feel-fear-180966992/.

8. Thompson, *Anatomy of the Soul* [Anatomía del alma], 42.

9. Esta información sobre el nervio vago está tomada de "Understanding the Stress Response" [Comprender la respuesta al estrés], *Harvard Health*, www.health.harvard.edu/staying-healthy/understanding-the-stress-response y "Everything you need to know about the vagus nerve" [Todo lo que debe saber sobre el nervio vago], *Medical News Today*, www.medicalnewstoday.com/articles/318128#What-is-the-vagus-nerve.

10. El término "des-integrado" está tomado de Thompson, *Anatomy of the Soul* [Anatomía del alma], 184.

11. La frase "la respiración es el puente entre la mente y el cuerpo" está tomada de "Breathing: An Introduction" [Respiración: introducción], *Dr. Weil*, www.drweil.com/health-wellness/body-mind-spiritu/stress-anxiety/breathing-an-introduction/.

12. Thompson, *Anatomy of the Soul* [Anatomía del alma], 29.

13. "Best Breathing Techniques for Relaxation and Pain Relief" [Las mejores técnicas de respiración para relajarse y aliviar el dolor], *Psychology Today*, www.psychologytoday.com/us/blog/finding-new-home/202103/best-breathing-techniques-relaxation-and-pain-relief.

14. Christophe Andre, "Proper Breathing Brings Better Health" [Una respiración adecuada mejora la salud], *Scientific American*, enero de 2019, www.scientificamerican.com/article/proper-breathing-brings-better-health/.

15. Xio Ma, et al., "The Effect of Diaphragmatic Breathing on Attention, Negative Affect and Stress in Healthy Adults" [El efecto de la respiración diafragmática sobre la atención, el afecto negativo y el estrés en adultos sanos], *National Libraries of Medicine*, junio de 2017, www.ncbi.nlm.nih.gov/pmc/articles/PMC5455070/.

16. Ann Voskamp, *One Thousand Gifts* [Mil regalos] (Grand Rapids, MI: Zondervan), 65-66.

17. El concepto de "secuestro de amígdala" de Olivia Guy-Evans, "Amygdala Hijack and the Fight or Flight Response" [El secuestro de la amígdala y la respuesta de lucha o huida], *Simply Psychology*, www.simplypsychology.org/what-happens-during-an-amygdala-hijack.html.

18. Timothy Keller, *Prayer* [Oración] (Nueva York: Penguin, 2016), 101.

19. Tish Harrison Warren, *Prayer in the Night* [Oración en la noche] (Downers Grove, IL: InterVarsity Press, 2021), 152.